EVIA EDICIONES
ES PROPIEDAD DE EDICIONES VISUALES ALBERDI S.A.
BUENOS AIRES - ARGENTINA
www.eviatienda.com

Institutos

Leticia Suárez del Cerro

CURSOS DE MODELADO EN PORCELANA FRÍA

SEDE CENTRAL CASEROS
Directora General y de Enseñanza:
Leticia Suárez del Cerro

Andrés Ferreyra 2594
Teléfonos: 4716-2420
info@suarezdelcerro.com.ar
Facebook: Leticia Suárez del Cerro - Instituto Caseros
*Seminarios y perfeccionamientos
dictados por Leticia.*
*Profesorado con títulos otorgados y
avalados por Leticia Suárez del Cerro.*

SUCURSAL CABALLITO
Directora: Margarita Suárez del Cerro
Del Barco Centenera 295 1er piso
Teléfonos: 4902-5917
caballito@suarezdelcerro.com.ar
Facebook: Instituto Leticia Suárez del Cerro - Sucursal Caballito

INTERIOR DEL PAIS
CÓRDOBA
Organizadora: Verónica Anabella Alcántaro
Dirección: Madre Pastorino 3075
Barrio Villa Corina - Córdoba Capital
Teléfono: 0351-479-2258   0351-15-632-7741
email: naeli@live.com.ar
Facebook: Naeli Creaciones
TUCUMÁN
Organizadora: María Angela Pastorini "El taller de Marietta"
Dirección: B° 200 Viviendas de Viluco Mna. "A" Casa 32 - Tucumán Teléfono: 0381-400-5379 I 0381-15-445-2539
email: mpastorini22@yahoo.com.ar I marietta2275@yahoo.com.ar
facebook: Marietta porcelana fría
ROSARIO
Organizadora: Patricia Aguirre - Taller Soles
Dirección: Triunvirato 440 (ex 540) Rondeau al 200
Teléfono: 0341-454-9496 I Celular: 0341-15-606-1505
email: yo_pato15@hotmail.com I tallerdossoles@hotmail.com
PEHUAJO
Organizadora: Marisol Giannotti
Dirección: Clemente Grand 880 - Pehuajó, Prov. de Bs. As.
Teléfono: 02396-475-490 I Celular: 02396-15-622-592
email: marigiann@hotmail.com I facebook: Marisol Giannotti
SAN JUAN
Organizadora: Cecilia Leonor Quiroga
Dirección: Coronel Guerrero 258, Villa San Martín, Albardón, San Juan
Teléfono: 0264-491-2325 I Celular: 0264-15-509-7905
email: quirogacecilialeonor@live.com
facebook: Cecilia Quiroga
MENDOZA
Organizadora: Adela Berrondo "Taller Locas Artesanías"
Dirección: Barrio In-me M. L. Casa 6 - El Challao - Las Heras
Mendoza Teléfonos: 0261-444-4186 I 0261-15-557-5562
email: duque-002@hotmail.com I facebook: Adela Berrondo
LA PAMPA
Organizadora: María Eugenia Italiani y Marisol Ginnotti
Dirección: González 334 - Santa Rosa - La Pampa
Teléfonos: 02954-430598 I Celular: 02396-15-622-592
Email: marigiann@hotmail.com
Facebook: Marisol Giannotti
MAR DEL PLATA
Organizadora: Mabel Guerrero
Dirección: Berutti 3936 (entre Guido y Funes)
Teléfonos: 0223-475-7780 I Celular: 0223-15-536-1980
email: mabel_guerrero12@hotmail.com
Facebook: Porcelana Caricias de Hadas

Participan en esta edición

MARÍA LAURA ROMBOLÁ
Profesora Instituto
Caballito

NATALIA BERGÉS
Profesora Instituto
Caballito

ADRIANA GARIFO
Profesora Instituto
Sucursal Caballito

MARÍA ALEJANDRA DOMINGUEZ
Profesora Instituto
Sede Central Caseros

SOLEDAD QUIPILDOR
Profesora Instituto
Sede Central Caseros

Editorial

Hola queridas amigas.

Quiero compartir con ustedes esta nueva revista, la número 5 de esta colección.

Como ustedes saben, nuestro objetivo es ayudarlas, brindándoles siempre nuevas ideas para que puedan seguir creciendo en este hermoso arte de modelar.

Como nos pidieron, encontrarán varias opciones de souvenirs y adornos para tortas, como así también un modelado más complejo para lucirse.

Les agradezco mucho la confianza que depositan en mí, por mi parte y la de mi equipo de Profesoras, tenemos firme el compromiso de brindarles lo mejor mes a mes.

Gracias por todo el amor que recibo constantemente.
Las abrazo,

LETICIA SUÁREZ DEL CERRO
Directora General y de Enseñanza
SEDE CENTRAL CASEROS

BENDITA LA LUZ
Para recordar uno
de los momentos más lindos
de la vida, estas velitas
para regalar a los invitados.

pág. 24

HABÍA UNA VEZ...
Un trabajo perfecto para el cumpleaños de los más chicos
que aman los animales y el circo.

pág. 6

PEQUEÑAS BENDICIONES
Un conjunto de angelitas delicadas forman los souvenirs
para el Bautismo o Comunión de alguna nena.

pág. 32

TERNURA FEMENINA
Muñeca en rosado con el
detalle de la vincha con moño
que la hacen súper femenina.

pág. 14

LÁPICES Y MÁS...
Souvenir unisex perfecto para
cumpleaños multitudinarios por
su simpleza y rapidez.

pág. 21

SÓLO MÍA
Un bebé abrazado a su mamadera, un souvenir
perfecto para un baby shower.

pág. 28

Generalidades **básicas**

La porcelana fría es una masa dúctil que se seca al aire libre. se la debe conservar en lugares frescos y oscuros, dentro de bolsitas o frascos herméticos (siempre separada por colores). dura dos meses aproximadamente y la consistencia de la masa debe ser similar a la de la plastilina.

Teñido **de la masa**

• Se puede dar color a la porcelana fría con óleos, colorantes vegetales, témperas y acrílicos. Tener en cuenta que los dos últimos son pinturas a base de agua y no al aceite, de modo que es recomendable utilizar para teñir colores muy claros, colocando una pequeña cantidad del producto.
• Es aconsejable teñir con pocas cantidades de pintura y si es necesario intensificar el tono volver a colocar el color y mezclar nuevamente, ya que si el resultado es muy oscuro se necesitarán grandes cantidades de masa natural para aclararla.
• Tener en cuenta que una vez que se seca la porcelana el color se oscurece, por este motivo teñir un tono más bajo al que se desea como resultado final.

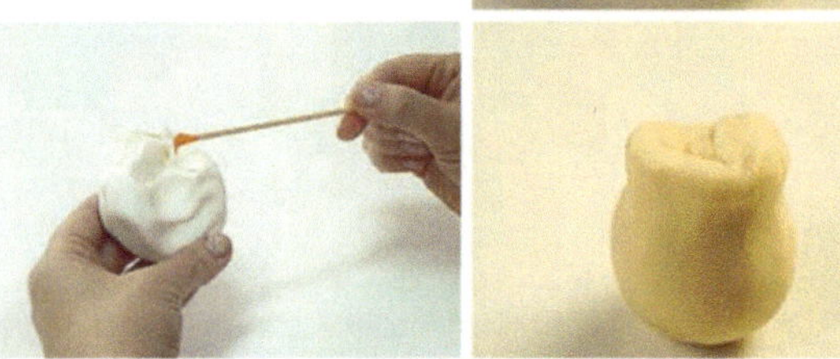

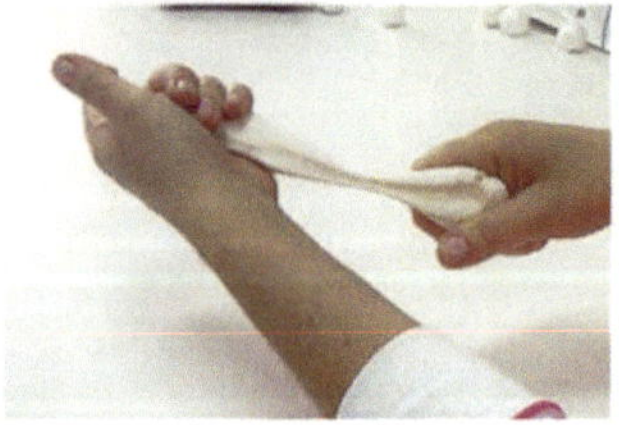

Forrado **de esferas con prolongación**

• Forrar una esfera de telgopor hundiendo la misma en una porción de masa dos veces mayor al volumen de la esfera.
• Subir la masa dejando una capa fina alrededor de la esfera; buscar la forma de la misma por debajo de la masa de manera que se note bien la redondez de la esfera.
• Con el resto de la masa realizar una prolongación a modo de rollo (su largo va a depender de la figura que se va a modelar). Presionar el sobrante de masa afinándola para que no queden imperfecciones en el corte.
• Mediante esta técnica podremos realizar cuerpos, cabezas, frutas, verduras y diversos objetos.
La esfera de telgopor nos ayuda a dar formas perfectamente redondas y a aliviar el modelo terminado. Podemos encontrar gran variedad de tamaños de esferas.

Modelados **de manos**

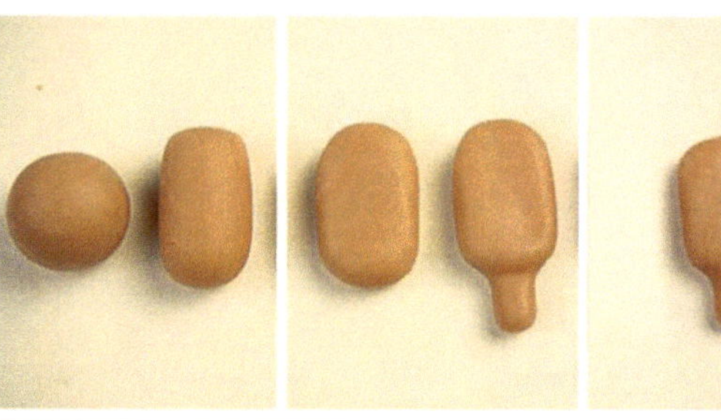

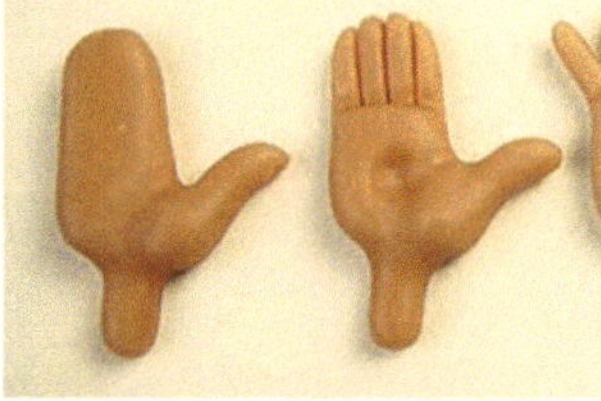
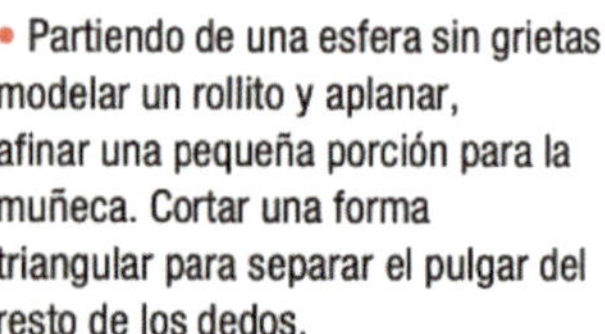

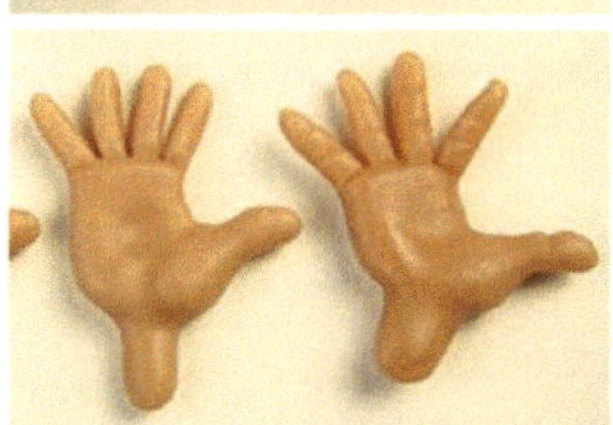

• Partiendo de una esfera sin grietas modelar un rollito y aplanar, afinar una pequeña porción para la muñeca. Cortar una forma triangular para separar el pulgar del resto de los dedos.
• Redondear el corte y dar forma al pulgar abarcando la palma hasta la muñeca. Hundir el centro de la palma con un bolillo, y realizar una leve curva descendente para el nacimiento de los dedos restantes. Cortar los dedos, separar y redondear. Marcar las falanges con una esteca de filo.

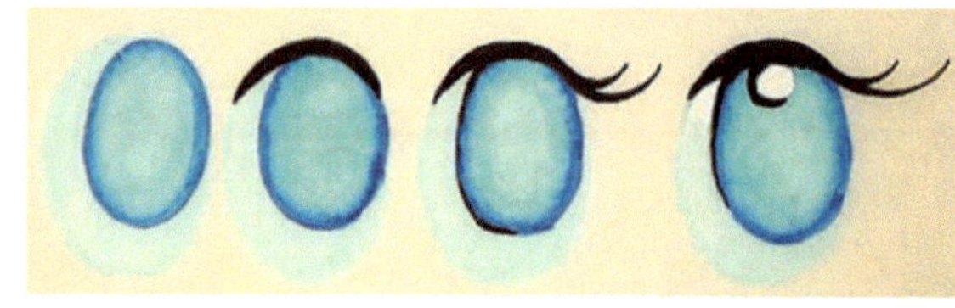

PINTURA DE OJOS

• Pintar un óvalo con marcador celeste muy claro pintando su interior. Con un azul oscuro dibujar un óvalo por dentro que sea más pequeño al de la base clara; orientarlo hacia la derecha o la izquierda, según la dirección de la mirada.
• Con el marcador celeste claro esfumar el azul hacia el interior del óvalo obteniendo la mezcla de ambos tonos. Con una microfibra negra realizar una curva en la parte superior del ojo; engrosar con nuevos trazos en su parte media dejando los extremos finos a modo de medialuna.
• A continuación dibujar dos pestañas, una más larga que otra.
• Con una microfibra blanca iluminar la mirada realizando un punto en la parte central y superior del óvalo oscuro (pupila del ojo). En el ángulo superior del óvalo claro rellenar con blanco y esfumar hacia abajo con una fibra gastada, que no contenga tinta.
Por último delinear con negro el punto blanco y el óvalo oscuro para obtener una mejor definición y contraste.

Modelado de cabeza básica

• Forrar una esfera de telgopor hundiendo la misma en una porción de masa (fotos 1, 2 y 3) utilizando la técnica del forrado de esfera con prolongación (página 4).

• Destacar la redondez de la esfera ubicada debajo de la capa pareja de masa (sector de la frente) para poder tomar recién ahí la medida de la misma y trasladar sólo la mitad a la prolongación (foto 4).

• Esta imagen muestra la mitad de la medida de la esfera trasladada a la prolongación. Hundir con el dedo para marcar el límite de la cara y así poder retirar el sobrante de masa (foto 5).

• Afinar sobre esta marca presionando hacia abajo con un dedo hasta cortar en la parte posterior (donde luego estará ubicado el cuello) sin que queden prácticamente marcas (foto 6 y 7).

• Redondear la zona del corte, dando forma de pera (foto 8).

• Para separar el cuello de la cara, dividir la zona recién redondeada por la parte inferior aproximadamente a la mitad del espesor de la misma (prolongación). Continuar marcando esta línea divisoria cara-cuello subiendo en ambos laterales hasta llegar a la esfera (que sería el cráneo). Esta marca separa el cuello por detrás de la cara, diferenciando la mandíbula inferior del mismo (fotos 9 y 10).

• Alargar el sector del cuello estirando la masa y afinando con los dedos hacia abajo a modo de rollo (foto 11).

• Evitar que la masa para realizar mejillas, nariz y boca quede apuntando hacia abajo, quedando así una forma de "trompa caída" muy separada de la frente; para ello, presionar este sector de masa hacia la esfera "compactando" la misma para que resulte un perfil delicado y respingado. Hacer presión constantemente en el límite donde termina la esfera y comienza la prolongación; este sector separa la frente redondeada (por la esfera que está debajo) de la zona del resto de la carita. Hundir imitando una "canaleta" en este sector divisorio en donde luego se dibujarán los ojos (foto 12).

• Para la nariz (foto 13), realizar una pequeña bolita de masa, dándole forma ovalada. Pegarla de manera apaisada y en el centro de la cara dejando para ambas mejillas la misma proporción de masa. Tener en cuenta que la nariz se ubica a continuación de la canaleta de los ojos; bien cerca de la frente.

• Con un bolillo chico realizar la boca (foto 14), hundiendo y bajando para formar el labio inferior. Con una esteca de punta curva marcarlo por debajo para definirlo bien (foto 15).

• Para el mentón (foto 16), dejar una pequeña porción de masa debajo de la boca y, con los pulgares, separar la misma de las mejillas redondeando siempre las formas con las yemas de los dedos.

• Modelar dos peritas pequeñas para las orejas y pegarlas en forma invertida a los lados de la cabeza. Con un bolillo chico ahuecar en el centro (foto 17).

• Una vez que la masa esté bien seca, luego de 24 horas, pintar los ojos y dar color a las mejillas con rubor o polvos tonalizadores (foto 18).

• Cubrir la masa que no se utiliza para que no se seque. Podemos utilizar papel film, bolsas plásticas y si se desea guardar la masa por tiempo prolongado colocarla envuelta en recipientes herméticos.

• Para evitar que quede aire entre las esferas de telgopor y la masa untar las mismas previamente con cola vinílica y dejar secar. Al realizar la prolongación la masa se adhiere sin dificultad evitando las burbujas de aire.

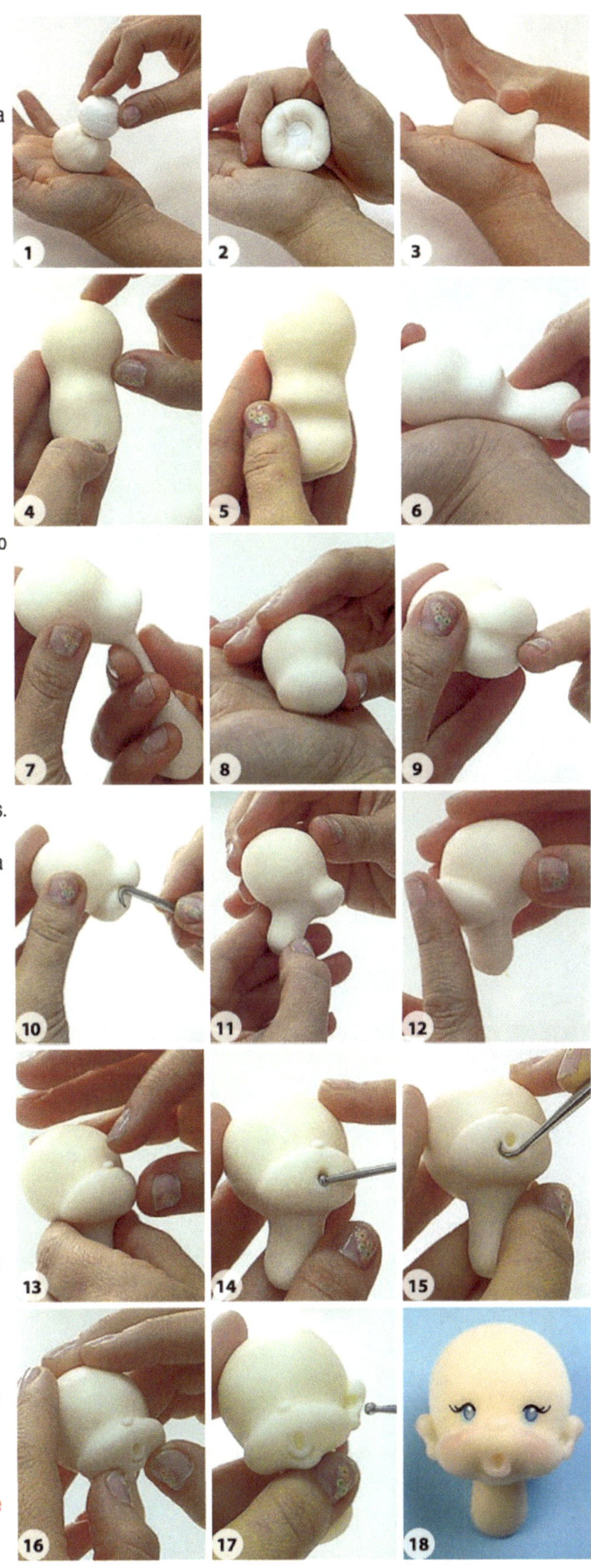

Profesora | **María Laura Rombolá**

Había una vez...

Un trabajo perfecto para el cumpleaños de los más chicos que aman los animales y el circo.

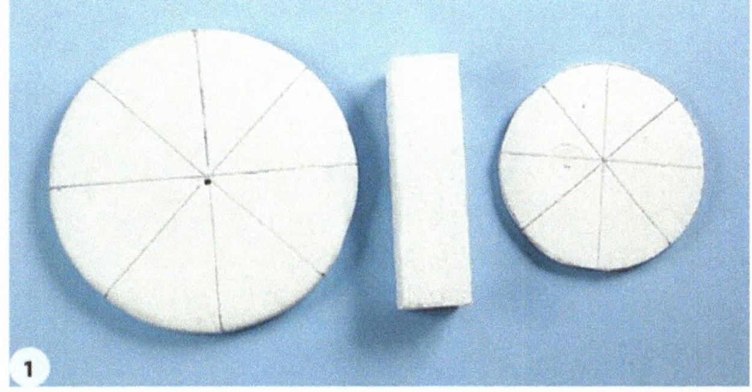

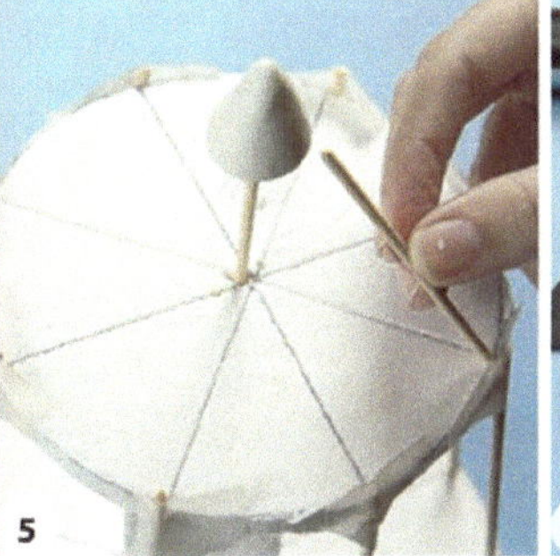

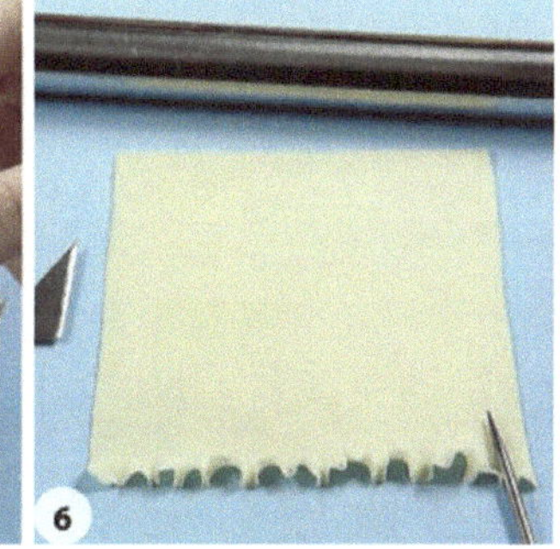

PASO 1 • Dividir los dos círculos de telgopor en octavos. Para usarlos como guia de las columnas de la carpa.

PASO 2 • Sobre el círculo más grande de telgopor, colocar el prisma, en el centro, y sobre el mismo, ubicar el círculo más pequeño. Asegurar las piezas con palillos de madera.

PASO 3 • Clavar palos de brochettes donde indican los octavos haciendo coincidir los de la parte inferior con los de la parte superior. Sujetar los palos con cinta de enmascarar.

PASO 4 • Clavar un palo de brochette en el centro del círculo superior.

PASO 5 • Colocar un cono de masa blanca en el extremo del palo central y adherir a este los parantes que coinciden con los octavos.

PASO 6 • Para la cortina de la carpa, cortar un rectángulo color amarillo pastel y ruletear el lado inferior.

PASO 7 • Aplicar un rectángulo de servilleta de découpage a lunares para decorar. Pegar una cinta de masa color fucsia para tapar la unión.

PASO 8 • Cortar un trapecio con masa color turquesa que respete el largo y el ancho que determinan las columnas de la carpa. Cortar con un cortante de ondas el borde inferior.

PASO 9 • Encintar los espacios huecos que quedan entre las columnas para que la porcelana se adhiera mejor.

PASO 10 • Colocar la porción de masa cortada previamente con cola vinílica.

PASO 11 • Ubicar un triángulo de masa color turquesa respetando las dimensiones de los parantes de la carpa.

PASO 12 • Fundir las uniones de las dos piezas de masa con la ayuda de una toallita húmeda. Repetir el procedimiento con distintos colores.

PASO 13 • Hacer pinzas con los dedos en el rectángulo de la cortina de la carpa para darle movimiento a la tela.

PASO 14 • Adherir la cortina a lunares con cola vinílica.

PASO 15 • Colocar las dos franjas centrales de la carpa con el mismo procedimiento, dejando los extremos abiertos para que se vea la cortina.

PASO 16 • Agregar tiras blancas para disimular las uniones de las franjas de colores de la carpa. Decorar la parte superior con lágrimas color verde manzana.

PASO 17 • Utilizar un molde de corazón y strass para decorar.

PASO 18 • Con un molde de silicona, hacer un moño rojo.

PASO 19 • Modelar medialunas color amarillo pastel y pegarlas en el borde superior de la carpa. Pegar el corazón y el moño rojo en la unión de las medialunas.

PASO 20 • Para el banderín, forrar un palo de brochette de la medida deseada de color blanco y colocar un rectángulo al cual se le retira un triángulo. Una vez que se seque, escribir un mensaje con un marcador.

PASO 21 • Pegar el banderín con cola vinílica.

PASO 22 • Para el elefante, forrar una esfera con prolongación para el cuerpo color lila.

PASO 23 • Modelar dos patas de forma de cono y pegarlas al cuerpo.

PASO 24 • Colocar palillos de madera a las patas para poder pararlo sobre sus patas traseras.

PASO 25 • Modelar dos conos de masa lila más pequeños para los brazos y adherirlos al cuerpo.

PASO 26 • Hacer el volado para el cuello cortando un círculo de masa verde manzana, ruletearlo y pegarle lunares fucsias.

PASO 27 • Pegar el volado del cuello al cuerpo.

PASO 28 • Para la cabeza, forrar una esfera con prolongación. Marcar la separación de la frente y la trompa.

PASO 29 • Dividir la trompa en cuatro partes. Dejar los dos cuartos centrales para el sector de la nariz y la boca. Marcar un cuarto para cada cachete.

PASO 30 • Redondear los filos de las estecas y presionar las comisuras hacia atrás.

PASO 31 • Marcar la boca con una esteca de punta curva.

PASO 32 • Modelar la trompita del elefante haciendo un rollo en la porción central de la trompa.

PASO 33 • Afinar la parte superior de la trompa para separar una bolita.

PASO 34 • Hacer un pocito con un bolillo en el extremo de la trompa.

PASO 35 • Marcar los orificios en la trompa.

PASO 36 • Cerrar el labio inferior formando una medialuna.

PASO 37 • Realizar líneas curvas en la trompa.

PASO 38 • Pegar la cabeza al cuerpo con cola vinilica.

PASO 39 • Modelar dos lágrimas color lila y aplanarlas para las orejas. Adherirlas a la cabeza con cola vinílica.

PASO 40 • Realizar una lágrima pequeña para la cola color lila y pegarla al cuerpo.

PASO 41 • Para el bonete, cortar un círculo color fucsia y ruletearlo. Hacer un cono azul, decorarlo con una bolita amarilla y botones naranjas.

PASO 42 • Pegar dos círculos color rojo en los cachetes y pegar el bonete.

PASO 43 • Colocar los ojos autoadhesivos y decorar con marcadores de colores.

PASO 44 • Para la jirafa, forrar una esfera con prolongación larga de color amarillo para el cuerpo.

PASO 45 • Para las patitas, modelar cuatro conitos amarillos y pegarlos al cuerpo.

PASO 46 • Forrar una esfera de telgopor para la cabeza color amarillo dejando una prolongación pequeña para la trompa. Con un bolillo hacer los orificios de la nariz y la boca.

PASO 47 • Modelar los cuernitos con masa rosa y las orejas con masa amarilla.

PASO 48 • Cortar la corbata con masa azul y decorar con tiritas fucsia.

PASO 49 • Para el sombrero, cortar el ala de color fucsia y para la copa, hacer una bolita también fucsia, para el centro del sombrero pegar una bolita azul aplanada. Decorar con una flor naranja.

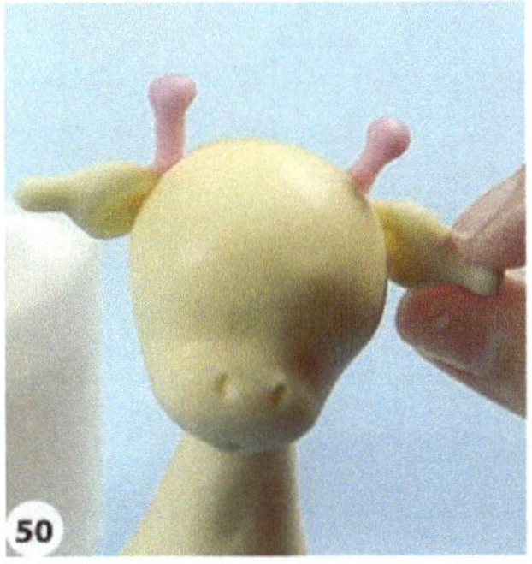

PASO 50 • Fijar las orejas y los cuernos con cola vinílica.

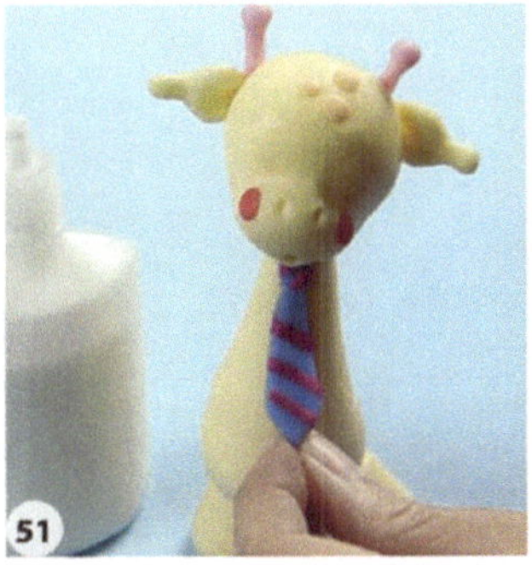

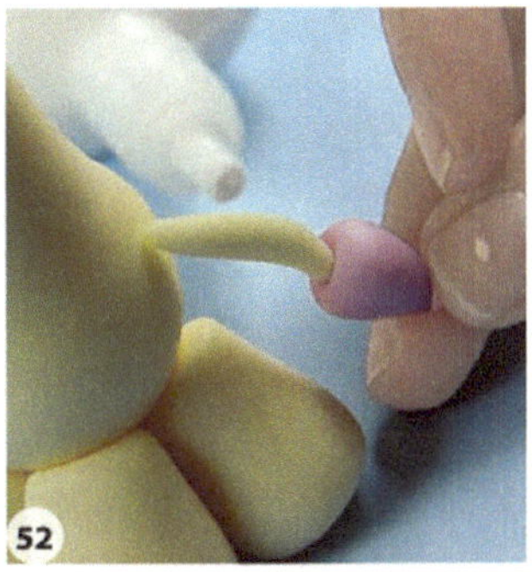

PASO 51 • Adherir la corbata y decorar los cachetes con círculos rojos. Pegar lunares naranjas sobre la frente y el cuerpo.

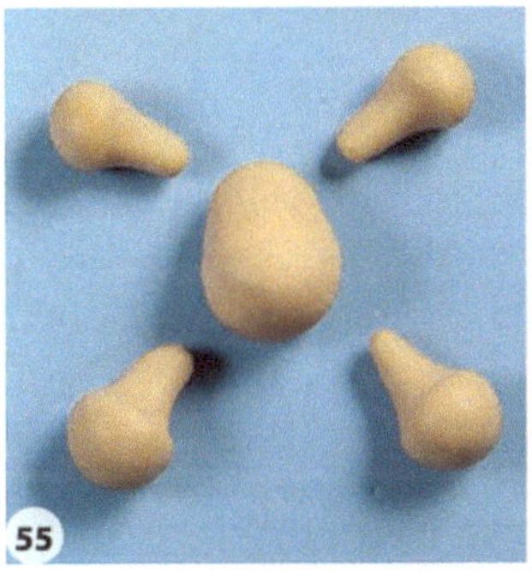

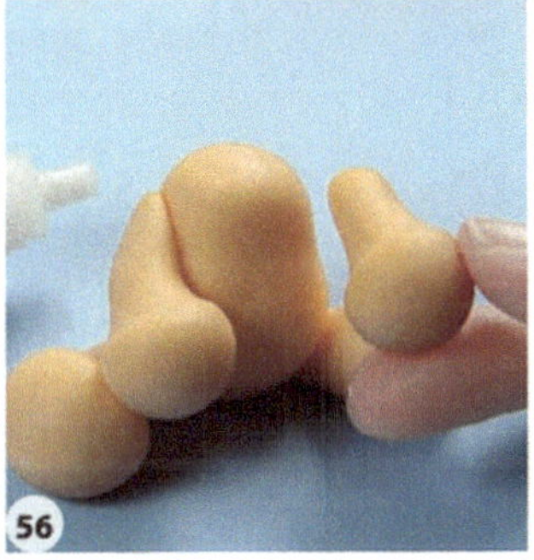

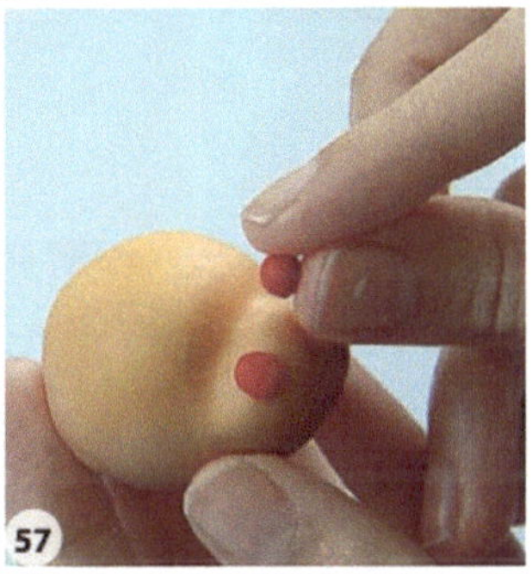

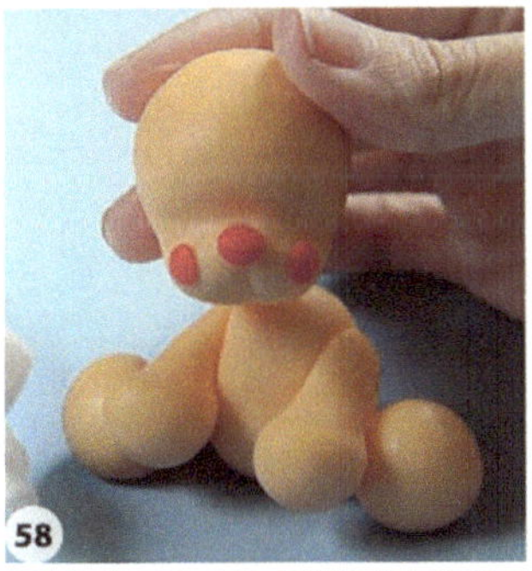

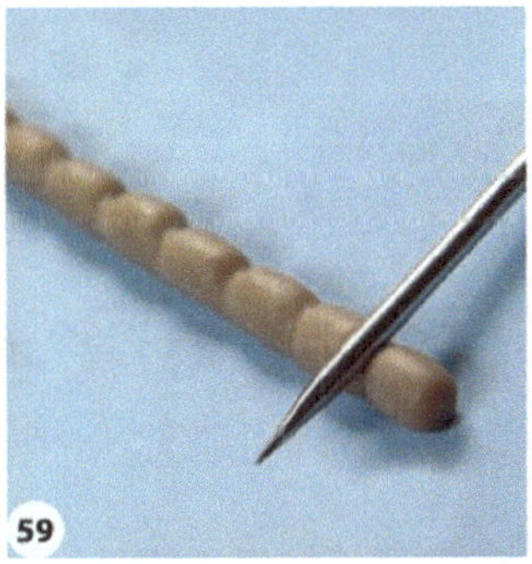

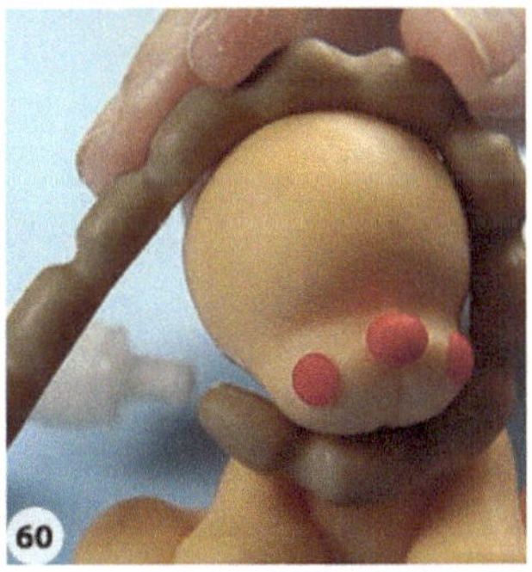

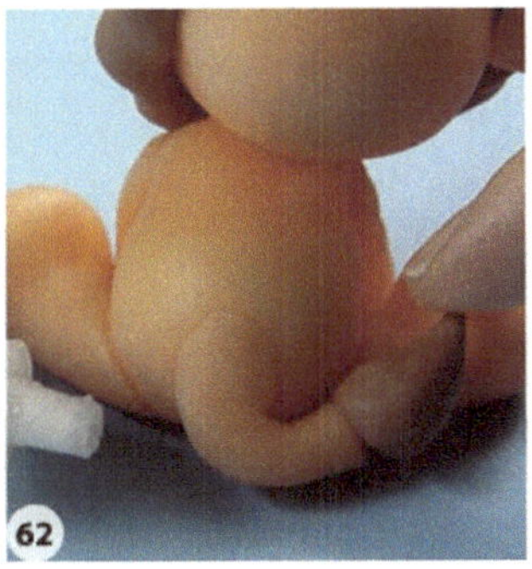

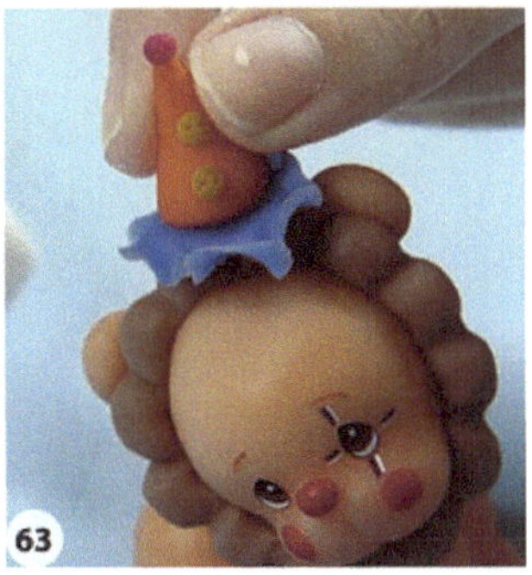

PASO 52 • Hacer un rollo color amarillo y una lágrima color rosa para la cola. Fijar al cuerpo.

PASO 53 • Para la base de la jirafa, decorar un cubo de telgopor con cuadrados de distintos colores.

PASO 54 • Pegar el sombrero a la cabeza de la jirafa. Colocar ojos autoadhesivos y pintar cejas.

PASO 55 • Para el león, forrar una esfera con prolongación para el cuerpo. Modelar para cada pata, un rollito con una bolita en la punta, haciendo las patas delanteras más pequeñas que las traseras.

PASO 56 • Pegar las patas traseras y las delanteras al cuerpo con cola vinílica.

PASO 57 • Modelar una cabeza forrando una esfera con prolongación y haciendo una línea divisoria en la trompa. Pegar una nariz y unos círculos rojos en los cachetes para decorar.

PASO 58 • Adherir la cabeza al cuerpo con cola vinílica.

PASO 59 • Para la melena, hacer un rollo de color marrón claro, dividir porciones de 1 cm y redondear los filos.

PASO 60 • Pegar la melena del león rodeando la cabeza.

PASO 61 • Colocar dos orejas por detrás de la melena, aplicar ojos autoadhesivos y decorar con marcadores de colores.

PASO 62 • Hacer un rollo color naranja y una lágrima color marrón claro; pegarla al cuerpo para la cola.

PASO 63 • Decorar con un bonete (ver explicación paso 41).

DETALLE
Si lo desea, se puede colocar strass en las uniones de las caras del cubo para tapar las uniones.

PASO 64 • Para el hipopótamo, forrar una esfera para el cuerpo con prolongación color verde manzana claro.

PASO 65 • Modelar un cono para cada pata y pegarlo con palillos de madera.

PASO 66 • Adherir dos conos más pequeños color verde manzana para los brazos.

PASO 67 • Para la cabeza, forrar una esfera dejando una prolongación ancha para la trompa. Hacer una boca sonriente y los orificios nasales.

PASO 68 • Hacer presión con los dedos en las cuencas de los ojos y pegar la cabeza al cuerpo.

PASO 69 • Pegar dos lágrimas para las orejas, decorar el hipopótamo con un moño naranja hecho con molde de silicona, botones azules y círculos rojos para los cachetes.

PASO 70 • Para el gorro de bufón, modelar tres lágrimas de distintos colores y unirlas en la base. Decorar con bolitas de colores en los extremos de las lágrimas.

PASO 71 • Decorar la pirámide de telgopor con triángulos de distintos colores.

PASO 72 • Colocar ojitos autoadhesivos y pegar el gorro de bufón.

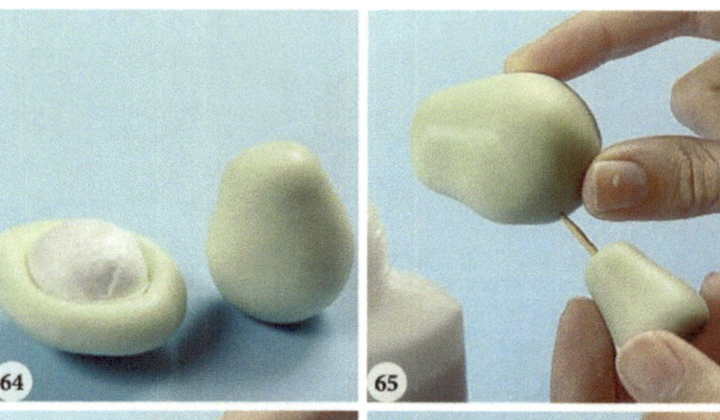

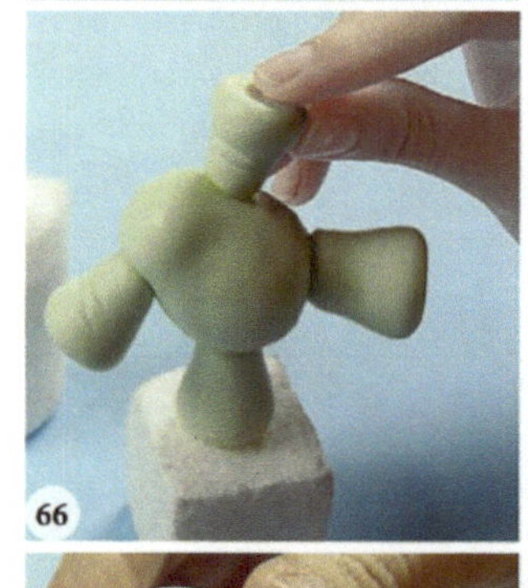

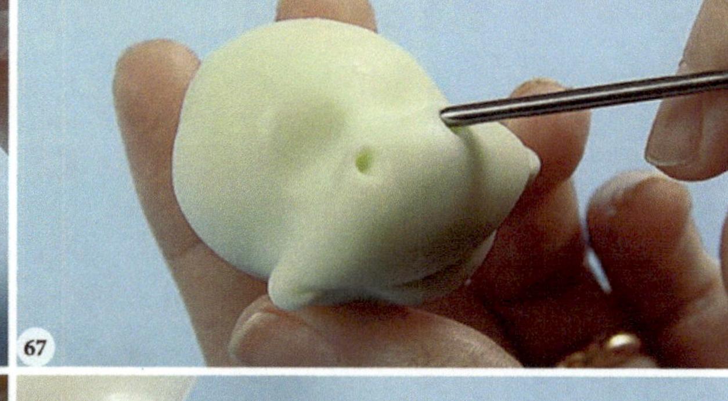

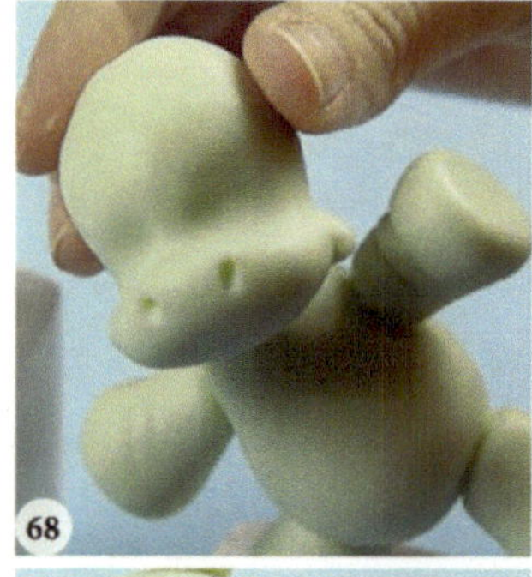

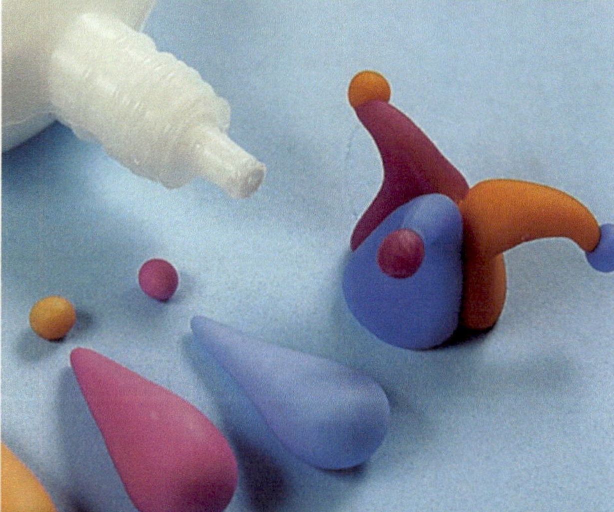

PASO 73 • Para el osito, modelar las patitas color amarillo separando una porción para el pie y otra para la pierna. Marcar el talón y redondear filos.

PASO 74 • Forrar una esfera de telgopor con prolongación color amarillo y pegar a las piernas.

PASO 75 • Modelar una cabeza color amarillo repitiendo el procedimiento de la cabeza del elefante con la diferencia que, en la porción central se debe marcar una línea divisoria y redondear.

PASO 76 • Hacer un volado azul para decorar el cuello, pegar una nariz y unos círculos rojos a la cabeza y pegarla al cuerpo.

PASO 77 • Hacer los brazos de color amarillo como el modelo del león. Pegar al cuerpo.

PASO 78 • Pegar orejas de color amarillo y un moño hecho con molde de silicona color fucsia.

PASO 79 • Colocar los ojos autoadhesivos y pintar cejas.

PASO 80 • Ubicar los animalitos en la maqueta. Decorar con bolitas de masa, cintas y estrellas multicolores. Finalizar la decoración haciendo lunares y detalles con fibras de colores y polvos tonalizadores.

PASO 81 • Para los souvenirs, utilizar un cortante de nube para hacer bases de distintos colores.

Profesora | **Leticia Suárez del Cerro**

Ternura femenina

Increíble muñeca en rosado con el detalle de la vincha con moño que la hacen súper femenina.

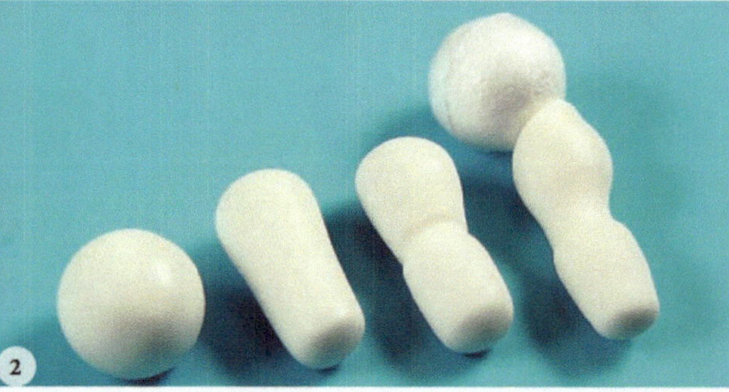

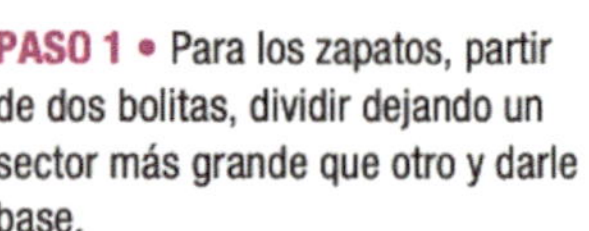

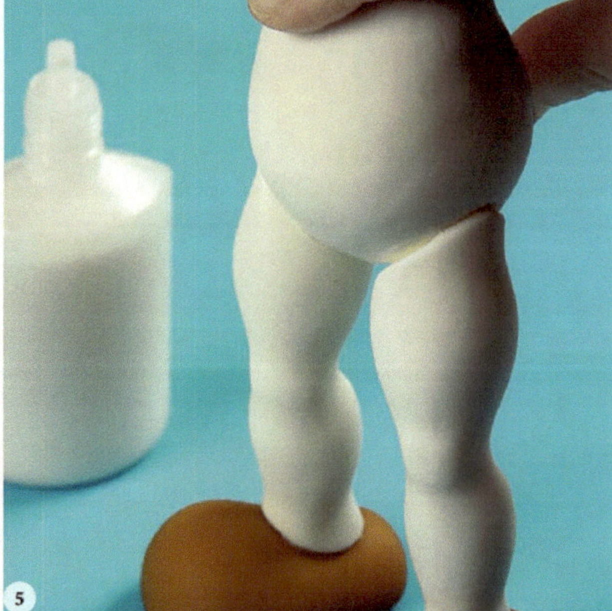

PASO 1 • Para los zapatos, partir de dos bolitas, dividir dejando un sector más grande que otro y darle base.

PASO 2 • Modelar dos rollitos inclinados para las piernas, dividirlos a la mitad y marcar el sector de la rodilla.

PASO 3 • Pegar las piernas sobre los zapatos con cola vinílica.

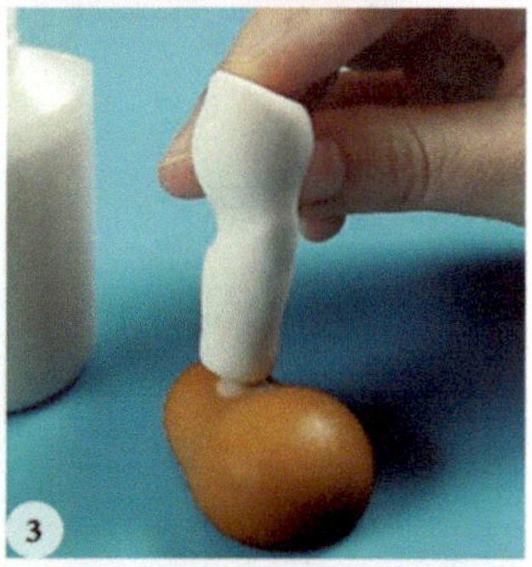

PASO 4 • Para el cuerpo, forrar una esfera con prolongación.

PASO 5 • Pegar el cuerpo sobre las piernas.

PASO 6 • Para la cabeza, forrar una esfera con prolongación y buscar la canaleta del sector de los ojos.

PASO 7 • Dejar una parte pequeña para las mejillas y sacar el cuello por la parte de atrás. Buscar con las yemas de los dedos las distintas partes de la cara: en la parte central destacar la nariz, el sector de la boca y debajo, el mentón. Redondear las mejillas.

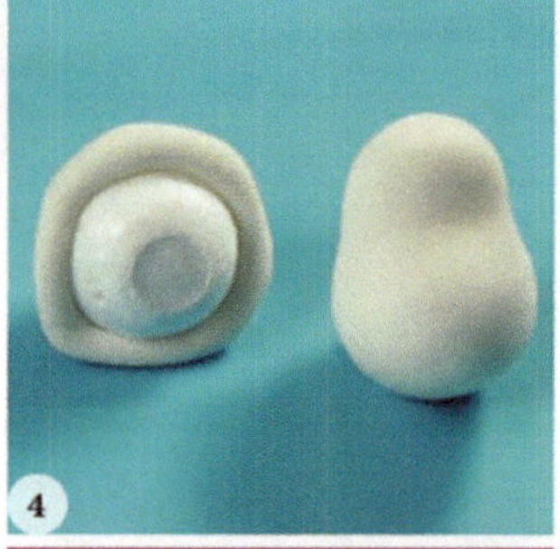

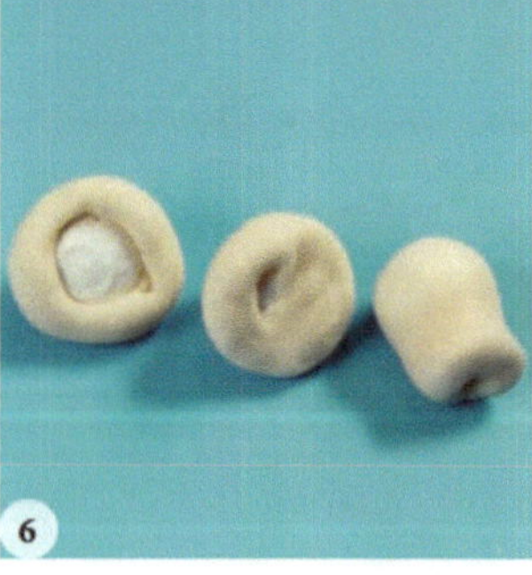

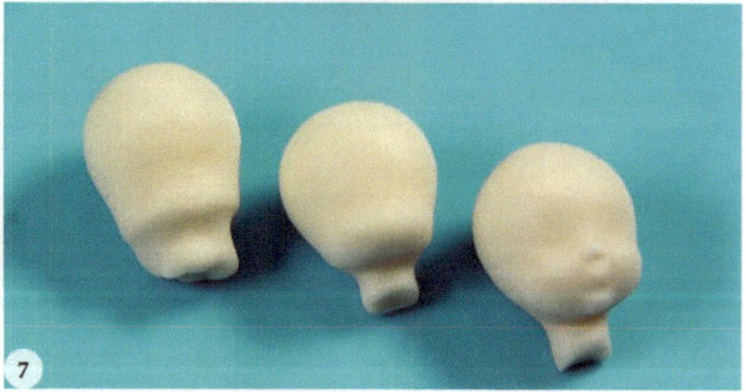

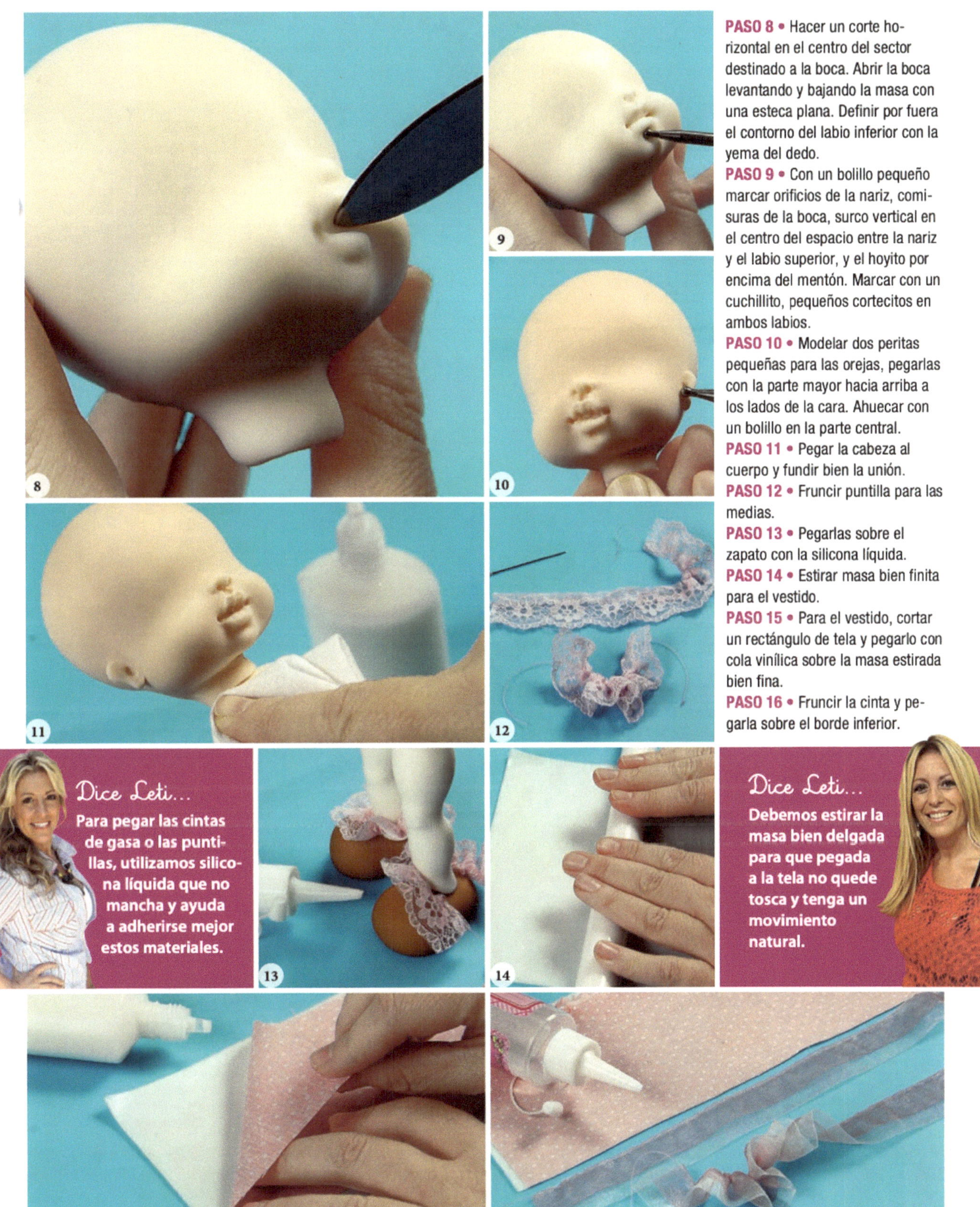

PASO 8 • Hacer un corte horizontal en el centro del sector destinado a la boca. Abrir la boca levantando y bajando la masa con una esteca plana. Definir por fuera el contorno del labio inferior con la yema del dedo.

PASO 9 • Con un bolillo pequeño marcar orificios de la nariz, comisuras de la boca, surco vertical en el centro del espacio entre la nariz y el labio superior, y el hoyito por encima del mentón. Marcar con un cuchillito, pequeños cortecitos en ambos labios.

PASO 10 • Modelar dos peritas pequeñas para las orejas, pegarlas con la parte mayor hacia arriba a los lados de la cara. Ahuecar con un bolillo en la parte central.

PASO 11 • Pegar la cabeza al cuerpo y fundir bien la unión.

PASO 12 • Fruncir puntilla para las medias.

PASO 13 • Pegarlas sobre el zapato con la silicona líquida.

PASO 14 • Estirar masa bien finita para el vestido.

PASO 15 • Para el vestido, cortar un rectángulo de tela y pegarlo con cola vinílica sobre la masa estirada bien fina.

PASO 16 • Fruncir la cinta y pegarla sobre el borde inferior.

PASO 17 • Pegar una cinta para tapar la unión.

PASO 18 • Realizar tablas encontradas en todo el borde superior.

PASO 19 • Pasar el palo de amasar sobre las tablas para que se integren bien.

PASO 20 • Pegar el vestido alrededor del cuerpo con cola vinílica.

PASO 21 • Para el canesú, cortar un rectángulo de tela. En el centro del borde superior cortar un medio círculo para el escote. Pegar esta pieza sobre la tela con cola vinílica.

PASO 22 • Pegar el canesú al cuerpo con cola vinílica.

PASO 23 • Cortar el excedente con la ayuda de una tijera.

PASO 24 • Pegar la puntilla con cola vinílica para tapar la unión.

PASO 25 • Colocar el trabajo sobre una base de telgopor y preparar varios palillos de madera con esferitas de telgopor en la punta. Colocar los palillos debajo del vestido para darle el movimiento deseado.

PASO 26 • Modelar el brazo con la técnica básica.

PASO 27 • Darle a los bracitos el movimiento deseado.

PASO 28 • Estirar masa bien finita para las mangas y pegar la tela de la misma manera que el vestido; cortar la forma deseada.

PASO 29 • Con aguja e hilo, fruncir la parte superior de la manga.

PASO 30 • Pegar las mangas en la parte superior del brazo y fruncir con la ayuda del hilo.

PASO 31 • Fruncir la cinta.

PASO 32 • Pegar la cinta en la parte inferior de la manga con la silicona líquida.

PASO 33 • Pegar los brazos al cuerpo en la posición deseada.

PASO 34 • Pegar florcitas sobre la cinta con la silicona líquida.

PASO 35 • Pegar perlitas en el frente para simular botones.

PASO 36 • Colocar una cinta fruncida alrededor del cuello.

PASO 37 • Realizar un casquito para el pelo y colocarlo sobre la cabeza de atrás hacia adelante.

PASO 38 • Darle el movimiento deseado y realizar ondas con la ayuda de un bolillo.

PASO 39 • Texturar con la esteca de punta curva y dividir algunos mechones.

PASO 40 • Levantar el pelo y pegar una cinta sobre la frente.

PASO 41 • Realizar moños con diferentes cintas y decorarlos con strass.

PASO 42 • Pegar los moños sobre la cinta.

PASO 43 • Pegar los ojos autoadhesivos.

PASO 44 • Pintar los labios con el marcador, colocar rubor en las mejillas y dibujar las cejas.

PASO 45 • Colocar perlas para simular los aros y collares de perlas.

Profesora | **Natalia Bergés**

Lápices y más...

Hermoso souvenir unisex perfecto para cumpleaños multitudinarios por su simpleza y rapidez.

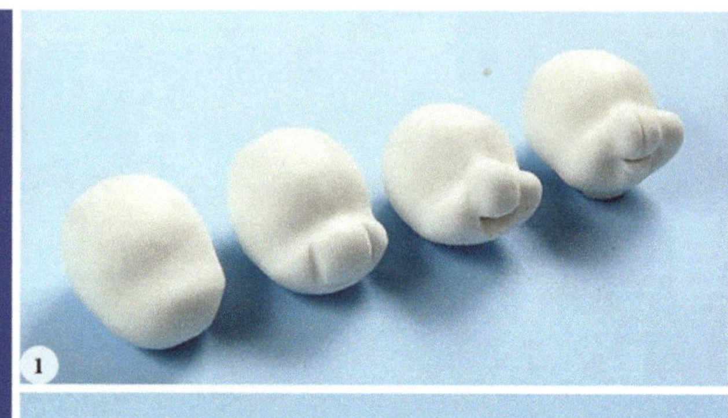

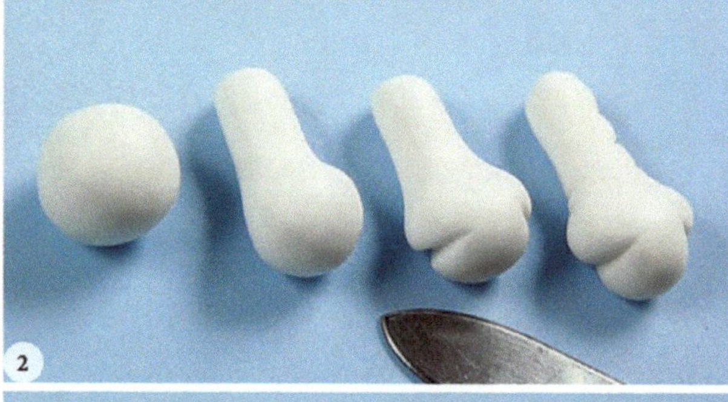

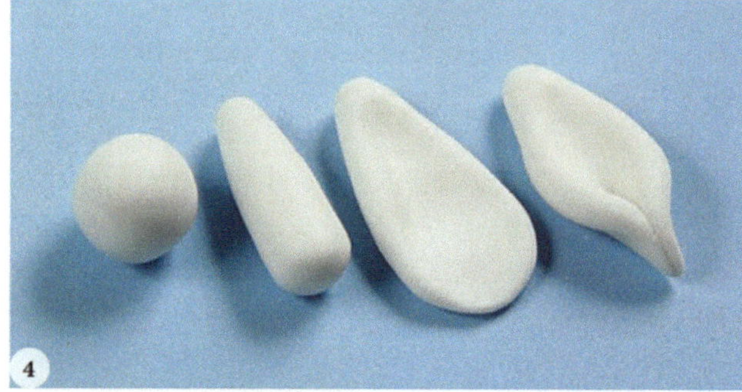

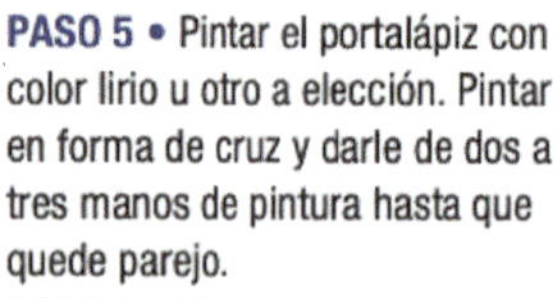

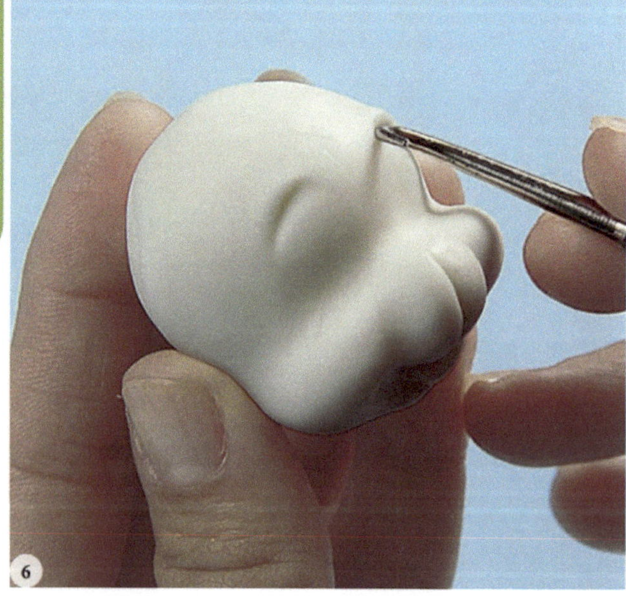

PASO 1 • Para la cabeza, forrar una esfera con prolongación con un tercio de masa, dividir en tres sectores, separar los cachetes y el hocico. Llevar los cachetes más atrás de manera que el hocico sobresalga. Marcar la boca de la mitad un poco más abajo, buscar el labio inferior, marcar las comisuras y dividir en la mitad el hocico. Redondear los filos.

PASO 2 • Para cada brazo, partir de una bolita, dividir en dos partes. Bajar una parte hasta la mitad de manera que quede una bolita en la punta para la mano. Bajar en forma bombé, marcar los dedos dejando el del medio más grande. Redondear los filos.

PASO 3 • Para los pies, realizar dos bolitas sin grietas, hacer un rollo con inclinación corto, buscar el arco separando el talón y el sector donde van a estar los dedos. Dividir en tres partes dejando el del medio más grande al igual que en la mano. Redondear los filos.

PASO 4 • Para las orejas, partir de dos bolitas, realizar dos lágrimas largas, aplanarlas y ensanchar la parte más gorda. En la punta, buscar una redondez y en la parte más ancha, realizar un pliegue juntando las puntas hacia adentro.

PASO 5 • Pintar el portalápiz con color lirio u otro a elección. Pintar en forma de cruz y darle de dos a tres manos de pintura hasta que quede parejo.

PASO 6 • Marcar con un paragüitas la ceja, presionar hacia arriba suavemente y sacar las marcas.

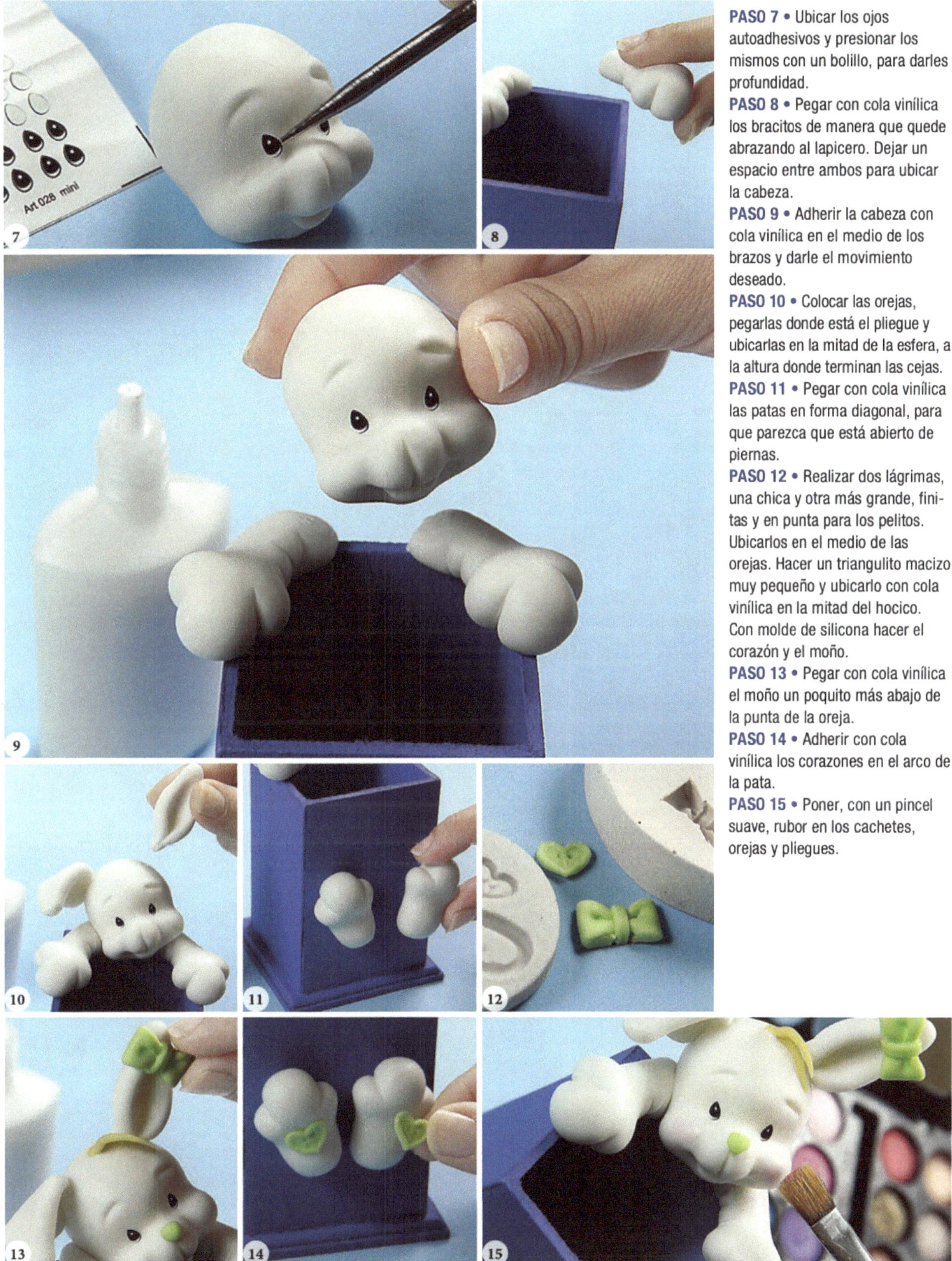

PASO 7 • Ubicar los ojos autoadhesivos y presionar los mismos con un bolillo, para darles profundidad.

PASO 8 • Pegar con cola vinílica los bracitos de manera que quede abrazando al lapicero. Dejar un espacio entre ambos para ubicar la cabeza.

PASO 9 • Adherir la cabeza con cola vinílica en el medio de los brazos y darle el movimiento deseado.

PASO 10 • Colocar las orejas, pegarlas donde está el pliegue y ubicarlas en la mitad de la esfera, a la altura donde terminan las cejas.

PASO 11 • Pegar con cola vinílica las patas en forma diagonal, para que parezca que está abierto de piernas.

PASO 12 • Realizar dos lágrimas, una chica y otra más grande, finitas y en punta para los pelitos. Ubicarlos en el medio de las orejas. Hacer un triangulito macizo muy pequeño y ubicarlo con cola vinílica en la mitad del hocico. Con molde de silicona hacer el corazón y el moño.

PASO 13 • Pegar con cola vinílica el moño un poquito más abajo de la punta de la oreja.

PASO 14 • Adherir con cola vinílica los corazones en el arco de la pata.

PASO 15 • Poner, con un pincel suave, rubor en los cachetes, orejas y pliegues.

Profesora | **María Alejandra Dominguez**

Bendita la luz

Para recordar uno de los momentos más lindos de la vida estas velitas para regalar a los invitados.

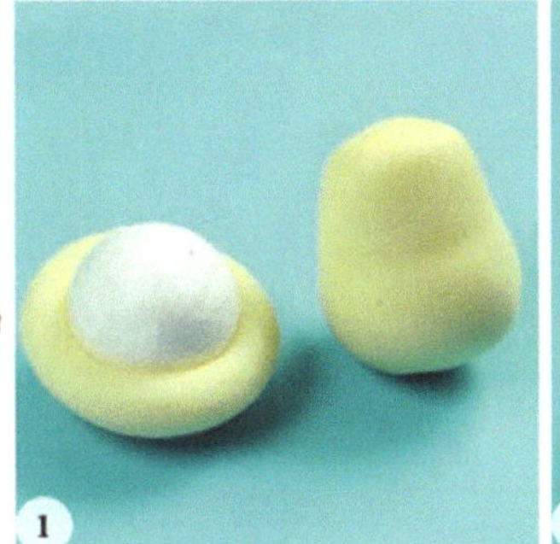

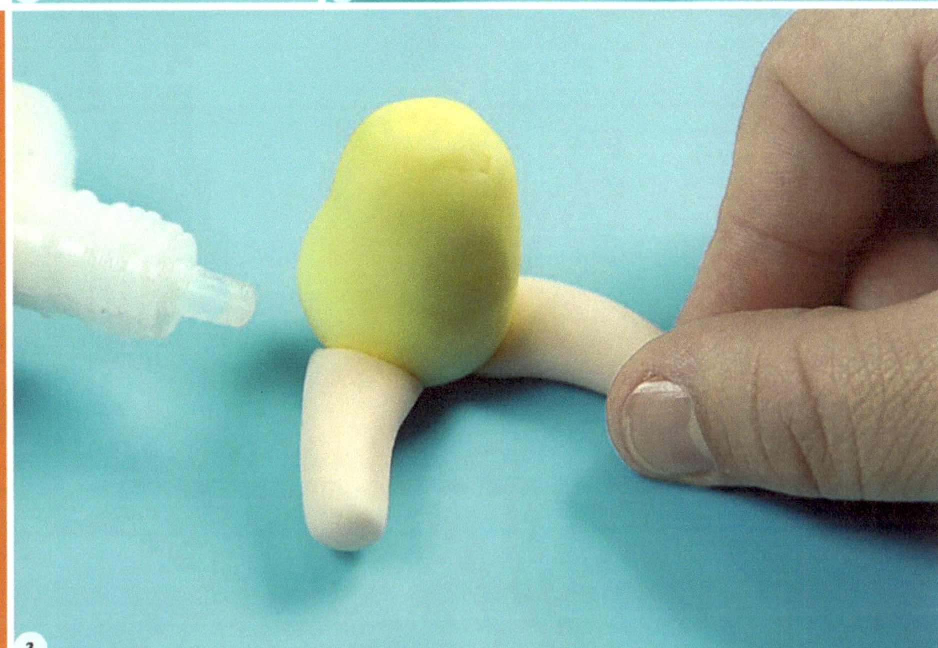
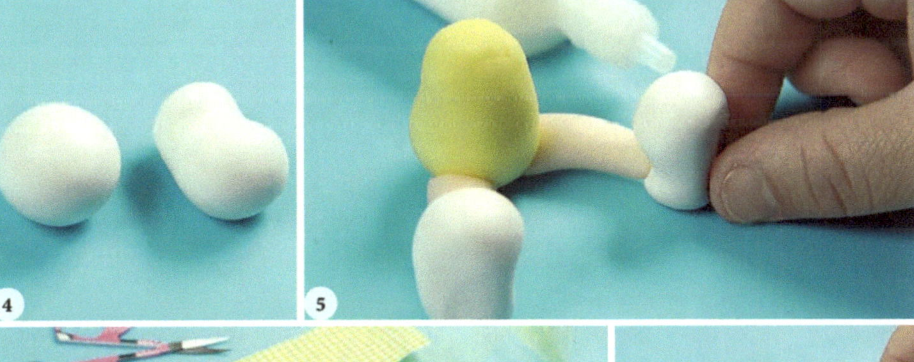

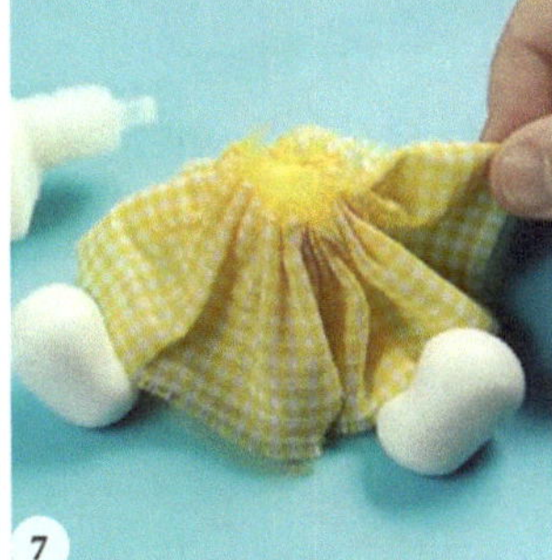

PASO 1 • Para el cuerpo, forrar una esfera con prolongación.

PASO 2 • Modelar las piernas partiendo de dos rollitos inclinados.

PASO 3 • Pegar las piernas al cuerpo con cola vinílica.

PASO 4 • Para los zapatos, realizar dos peritas.

PASO 5 • Adherir los zapatos a las piernas con cola vinílica.

PASO 6 • Para el vestido, utilizar un rectángulo de tela, otro de tul y fruncir ambas con hilo y aguja.

PASO 7 • Ubicar el vestido sobre el cuerpo con cola vinílica.

PASO 8 • Modelar la cabeza con la técnica básica.

PASO 9 • Abrir la boca con un bolillo y pegar las orejas con cola vinílica.

PASO 10 • Estirar masa para el cuello, cortar un corazón con un cortante, realizarle ondas con un bolillo pequeño. Decorar con puntitos y corazones pequeños.

PASO 11 • Hacer los brazos partiendo de dos rollitos, dividir en tres y modelar las manos en el extremo buscando solo el dedo pulgar.

PASO 12 • Pegar los brazos al cuerpo dándole el movimiento deseado.

PASO 13 • Adherir el cuello en la parte superior del cuerpo con cola vinílica.

PASO 14 • Pegar la cabeza al cuerpo con un palillo de madera.

PASO 15 • Modelar un casquito para el pelo y colocarlo sobre la cabeza de atrás hacia adelante.

PASO 16 • Dividir a la mitad con una esteca.

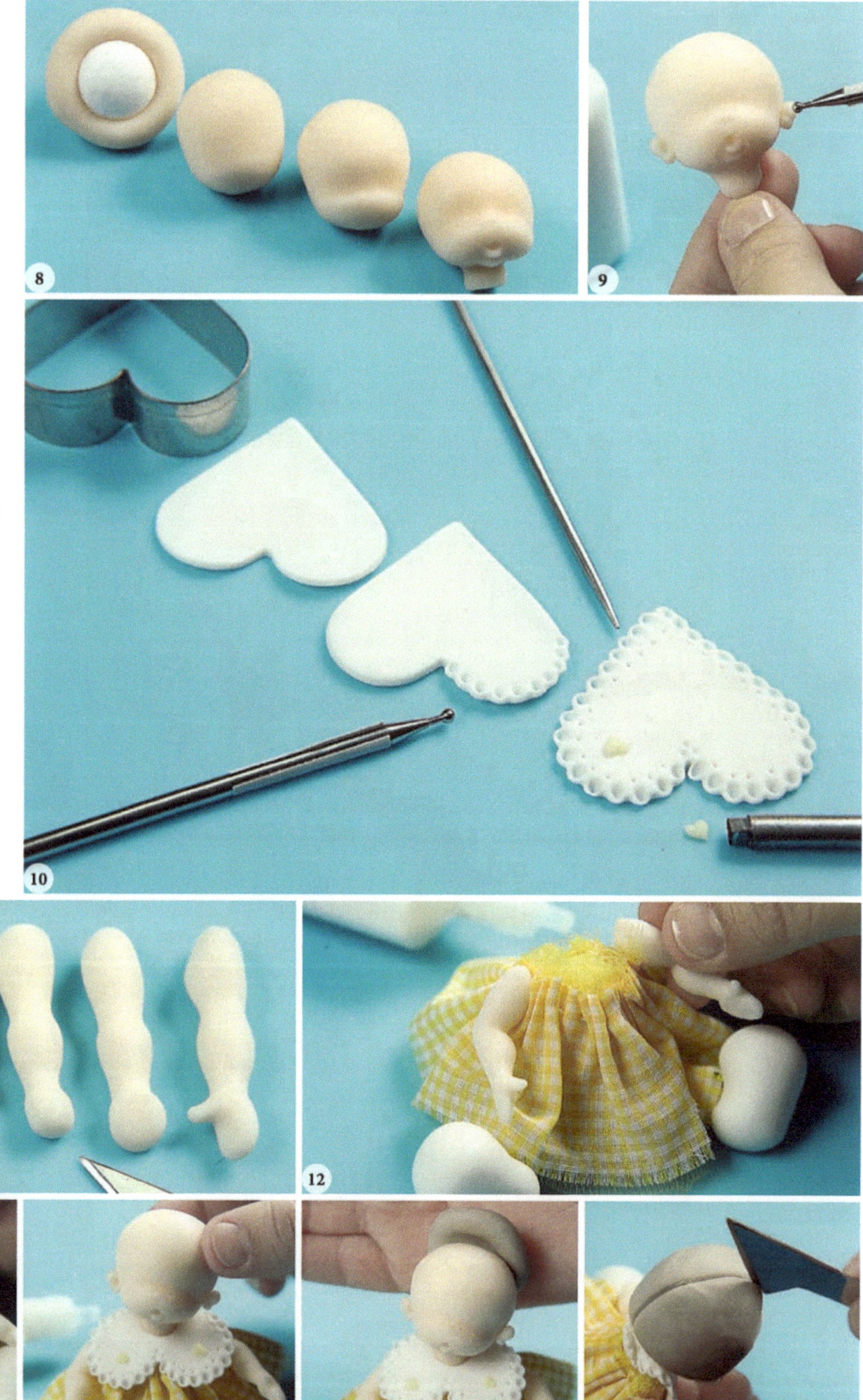

PASO 17 • Texturar con la esteca.
PASO 18 • Realizar varias lagrimitas y enroscarlas en una esteca para simular rulitos.
PASO 19 • Pegar los rulitos a la cabeza con cola vinílica.
PASO 20 • Adherir varios rulitos sobre la frente para simular el flequillo.
PASO 21 • Decorar las colitas con flores secas.
PASO 22 • Para simular las alas, utilizar cinta de papel.
PASO 23 • Pegar las alas al vestido con cola vinílica.
PASO 24 • Colocar los ojitos autoadhesivos y colocarle rubor en las mejillas.
PASO 25 • Para la base, utilizar una rodaja de madera, flores secas para decorar y una pecera de vidrio.
PASO 26 • Pegar la nena sobre la base de madera y la pecera de vidrio con cola vinílica. Decorar el frente con flores secas.
PASO 27 • Rellenar la pecera con sal y ubicar vela.

Profesora | **Soledad Quipildor**

Sólo mía

Un bebé abrazado a su mamadera, un souvenir perfecto para un baby shower.

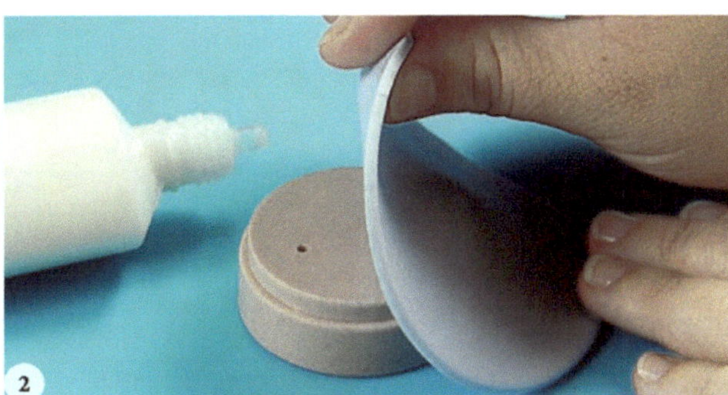

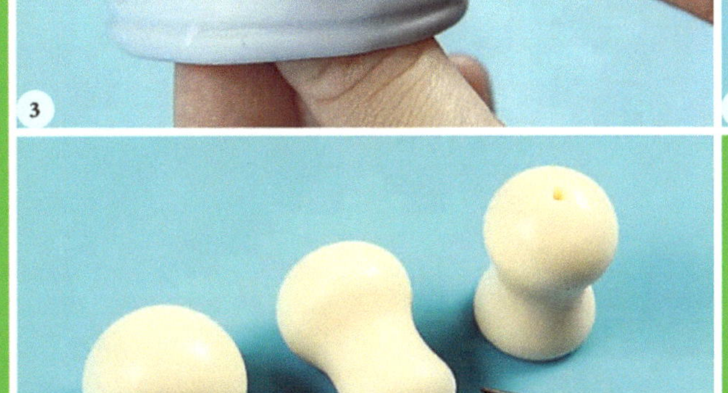

PASO 1 • Para realizar la mamadera, utilizar un recipiente de
vidrio a elección.

PASO 2 • Estirar masa para forrar
la tapa.

PASO 3 • Una vez forrada, hacer
dos marcas en los laterales de la
tapa con una esteca.

PASO 4 • Realizar líneas vertica-
les con una esteca en el lateral de
la tapa.

PASO 5 • Para la tetina, partir
de una bolita y dividirla en dos
partes. En uno de los extremos,
dejar una bolita y en el otro, un
rollito. Con una esteca de punta,
hacer una perforación en la parte
de la bolita.

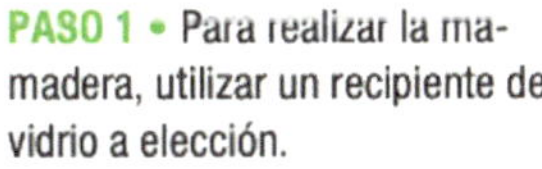

PASO 6 • Pegar la tetina a la tapa con cola vinílica.

PASO 7 • Para el cartelito, estirar masa, cortar un óvalo, hacer onditas con un bolillo y decorar con lunares.

PASO 8 • Pegar cartelito en la mamadera con cola vinílica.

PASO 9 • Para los zapatos, partir de una bolita y dividirla en dos partes dando forma de perita. Dar base y decorar con un corazón en el frente.

PASO 10 • Para las piernas, modelar dos rollitos inclinados, dividir en dos partes y marcar la rodilla.

PASO 11 • Adherir las piernas al zapato con cola vinílica.

PASO 12 • Con un rollito fino de masa, cubrir la unión entre la pierna y el zapato.

PASO 13 • Para el cuerpo, forrar una esfera con prolongación.

PASO 14 • Pegar las piernas al cuerpo con cola vinílica.

PASO 15 • Para la cabeza, modelar una cabeza básica con una boca en forma de "O".

PASO 16 • Hacer las orejas y colocarlas en la cabeza.

PASO 17 • Adherir la cabeza al cuerpo, colocando un palillo entre ambas partes.

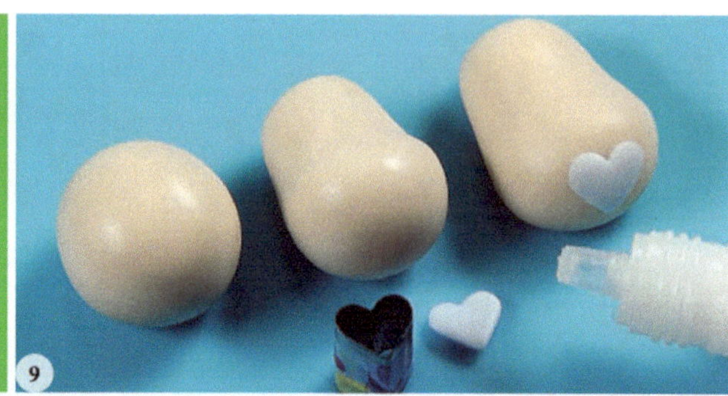

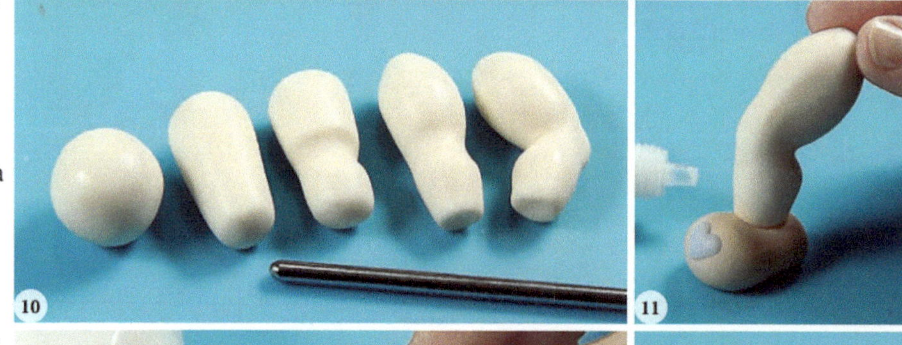

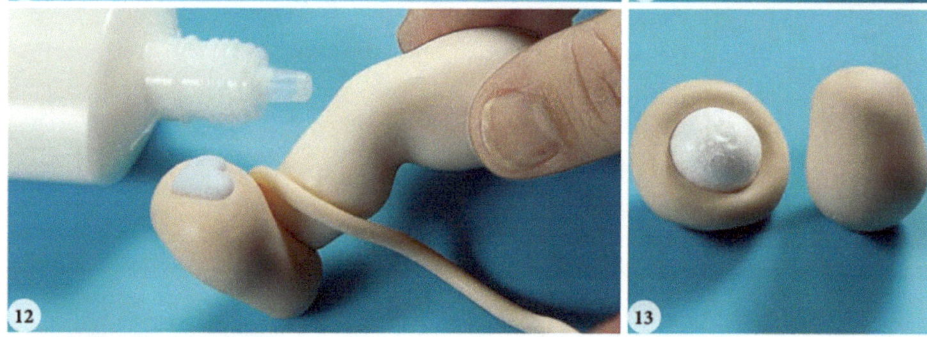

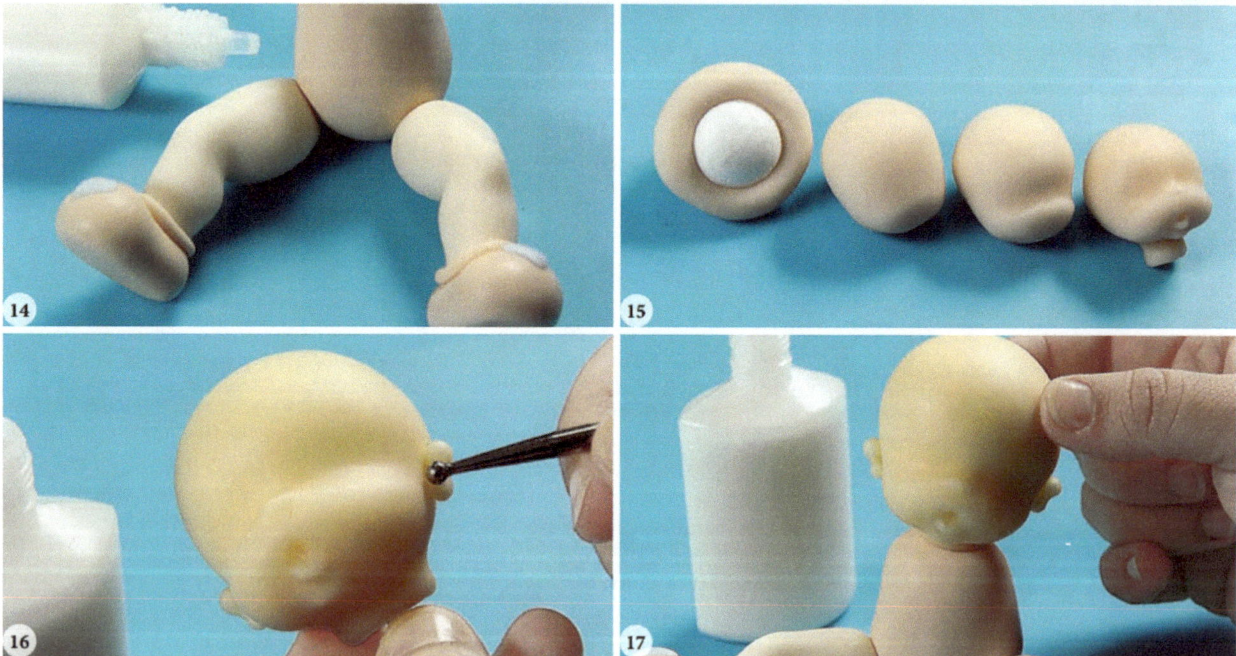

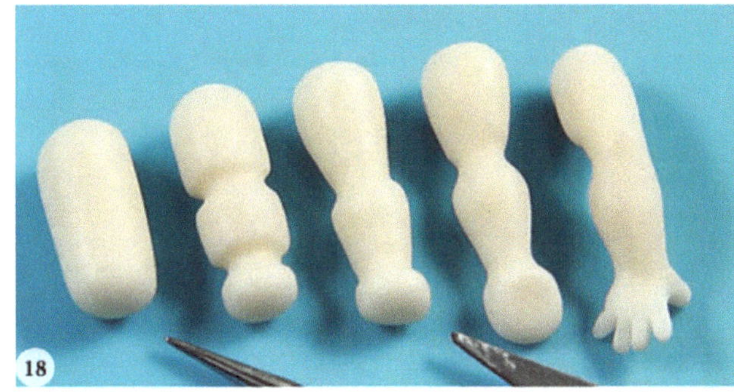

PASO 18 • Para los brazos, realizar dos rollitos, dividirlos en tres y modelar el codo y la mano completa a cada uno.

PASO 19 • Pegar el bebé a la mamadera en la posición deseada con cola vinílica.

PASO 20 • Fijar los brazos al cuerpo y a la mamadera con cola vinílica.

PASO 21 • Para el pelo, realizar un casquito de masa color amarillo.

PASO 22 • Con una esteca, texturar el pelo como el de un bebé.

PASO 23 • Para el chupete, estirar masa color blanca, cortar un ovalo con un cortante, realizar textura con esteca. Realizar un rollito de masa color celeste, doblarlo a la mitad y unirlo formando una lágrima. Realizar una bolita de masa para tapar la unión del ovalo y del rollito.

PASO 24 • Pegar el chupete con cola vinílica, pintar ojos con marcadores y colocar rubor.

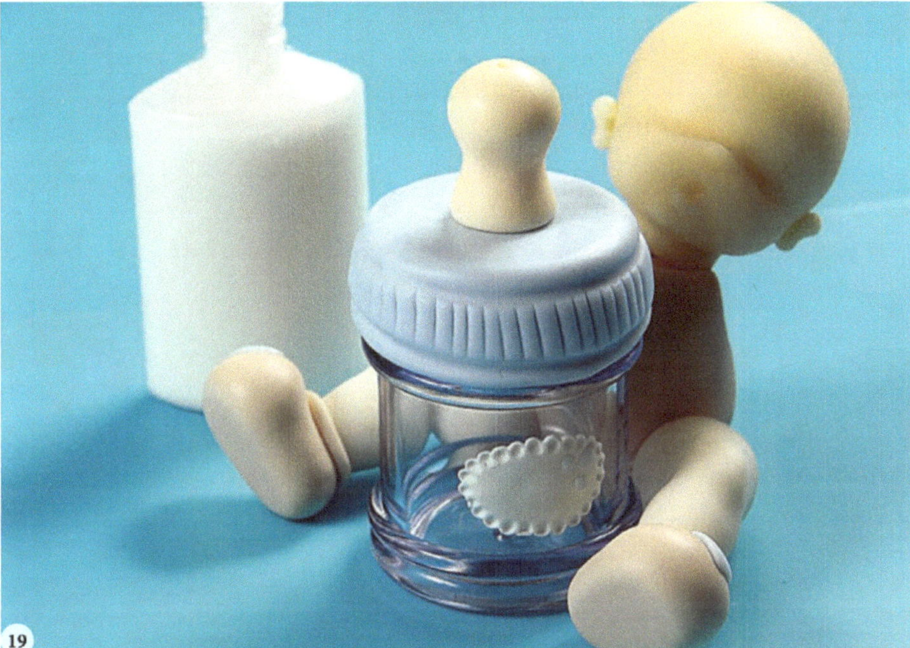

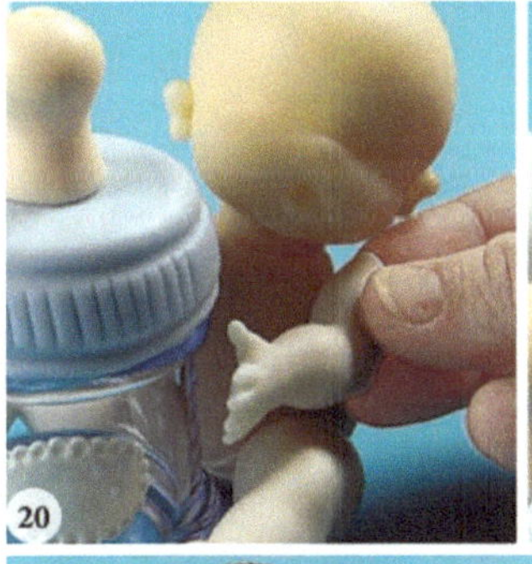

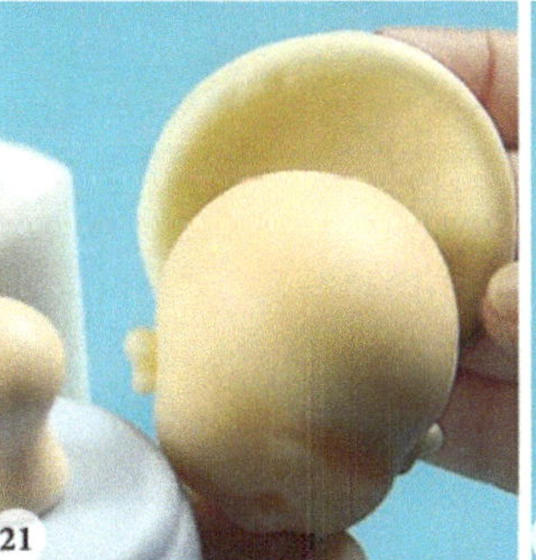

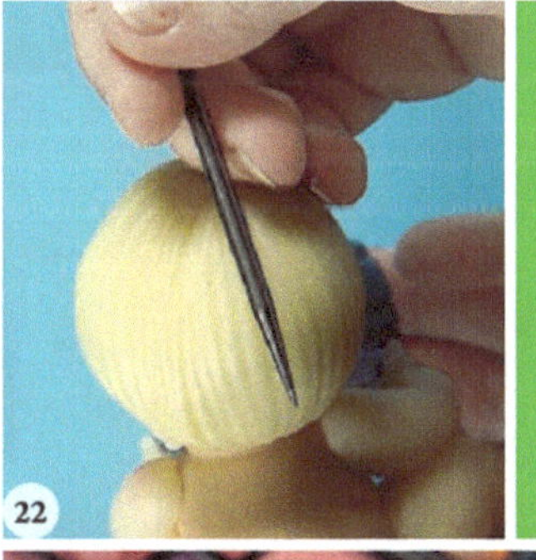

Pequeñas bendiciones

Un conjunto de angelitas delicadas forman los souvenirs para el Bautismo o Comunión de alguna nena.

PASO 1 • Para el cuerpo de la angelita, partir de una bolita color rosa y hacer un conito.

PASO 2 • Estirar masa finita color rosa, cortar con un cortante de círculo N° 13 y ruletear.

PASO 3 • Pegar el círculo al cono para formar el vestido haciendo pliegues.

PASO 4 • Marcar el canesú del vestido con una esteca.

PASO 5 • Modelar una cabeza básica con boca "0" (explicada en las primeras páginas de la revista).

PASO 6 • Adherir la cabeza y colocar un rollito rosa en la unión del cuello.

PASO 7 • Hacer cada manga partiendo de un rollo con inclinación y ahuecar con una esteca.

PASO 8 • Para modelar manos en serie y facilitar el trabajo, estirar masa gruesa y cortar con un cortante de lágrima con film para que los bordes queden redondeados. Separar el dedo pulgar y marcar los restantes dedos.

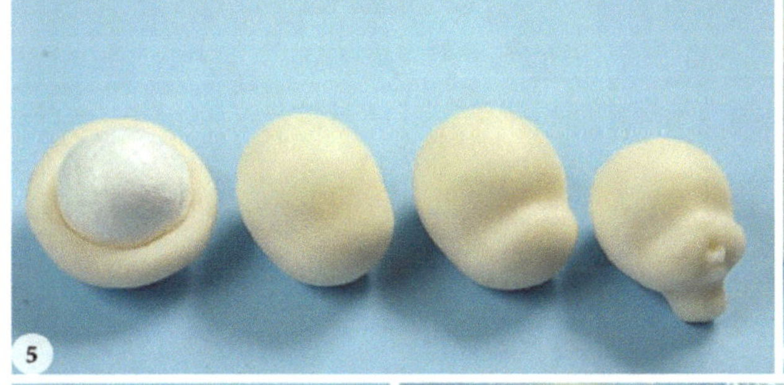

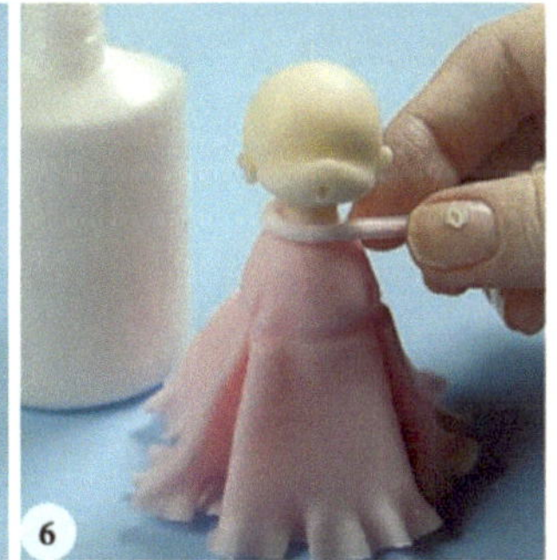

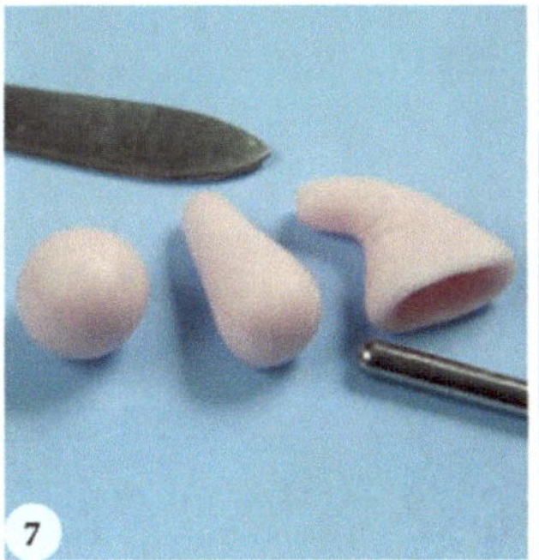

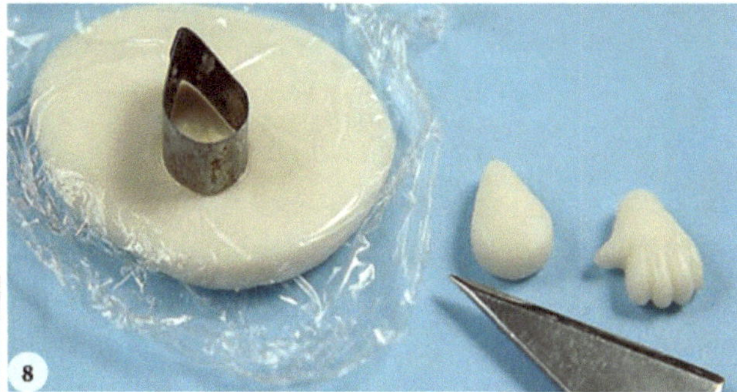

PASO 9 • Colocar las manos en las mangas y pegarlas al cuerpo.

PASO 10 • Hacer un casquito para el pelo color marrón, con una esteca marcar la raya al medio y texturar.

PASO 11 • Modelar dos lágrimas marrones texturadas para las colitas y dos mechones para el flequillo.

PASO 12 • Pegar el flequillo y las colitas al casquito.

PASO 13 • Estirar masa finita y cortar dos alitas con cortante de corazón. Adherir al cuerpo por detrás de las mangas.

PASO 14 • Decorar el peinado con estrellitas blancas y colocar una aureola blanca.

PASO 15 • Estirar masa gruesita y cortar una nube con cortante para la base. Realizar un corazón con molde para colocar en las manos.

PASO 16 • Pegar con cola vinílica la angelita sobre la base.

PASO 17 • Adherir el corazón entre sus manos. Pegar los ojos autoadhesivos, pintar las cejas con marcadores y aplicar polvo tonalizador como rubor. Para finalizar, pegar perlitas como aros.

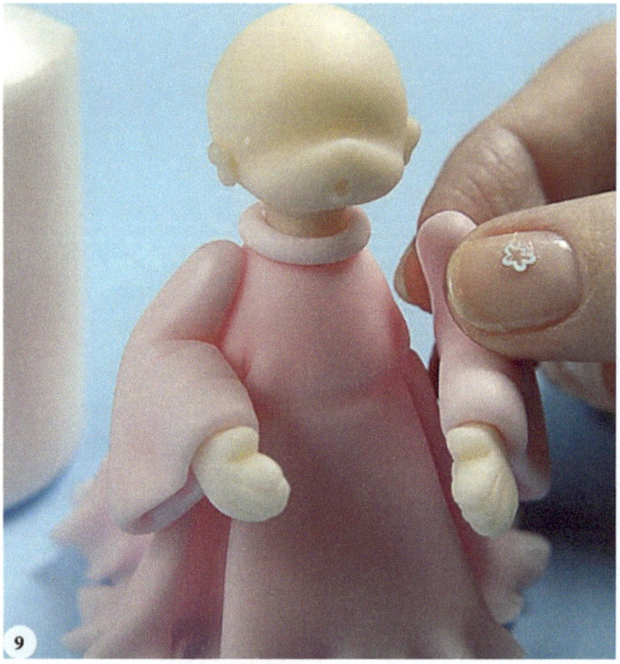

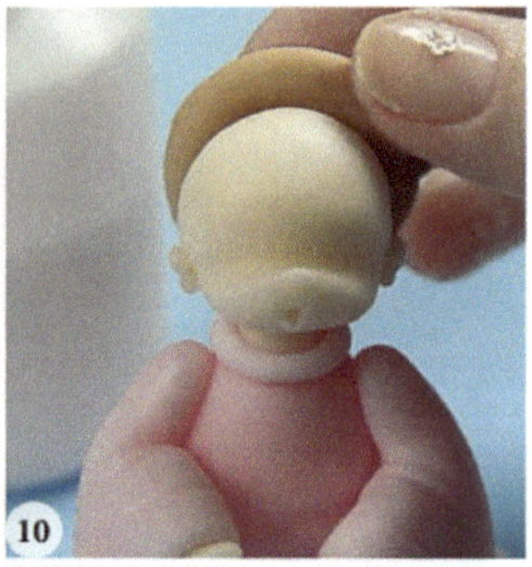

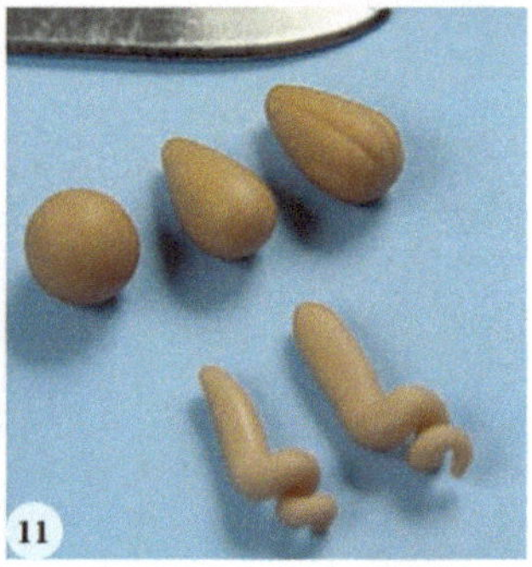

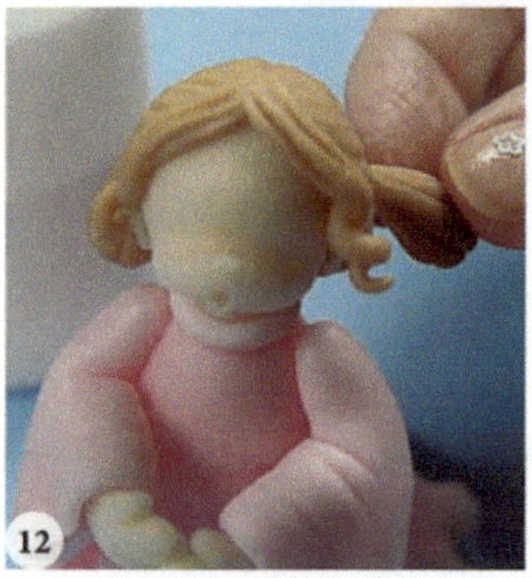

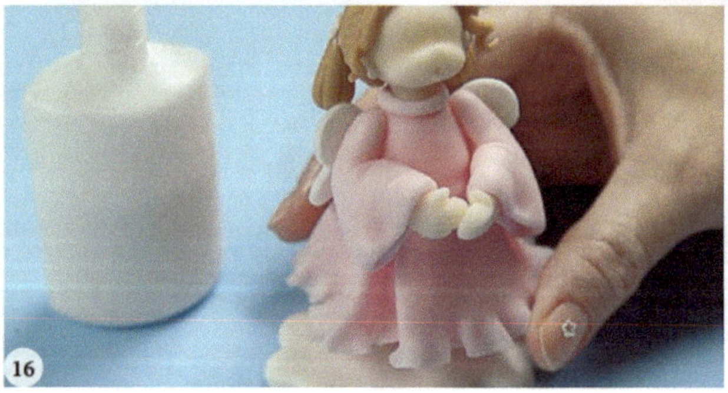